La pleine conscience

pour travailler
en se faisant du bien

Groupe Eyrolles
61, bd Saint-Germain
75240 Paris Cedex 05

www.editions-eyrolles.com

Du même auteur chez le même éditeur :

Coaching de soi, manuel de sagesse professionnelle, 2010
Le grand livre du coaching (collectif), 2008
Le coaching de dirigeant, 2007

Le code de la propriété intellectuelle du 1er juillet 1992 interdit en effet expressément la photocopie à usage collectif sans autorisation des ayants droit. Or, cette pratique s'est généralisée notamment dans les établissements d'enseignement, provoquant une baisse brutale des achats de livres, au point que la possibilité même pour les auteurs de créer des œuvres nouvelles et de les faire éditer correctement est aujourd'hui menacée.

En application de la loi du 11 mars 1957, il est interdit de reproduire intégralement ou partiellement le présent ouvrage, sur quelque support que ce soit, sans autorisation de l'éditeur ou du Centre français d'fxploitation du droit de copie, 20, rue des Grands-Augustins, 75006 Paris.

Thierry Chavel

La pleine conscience

pour travailler en se faisant du bien

EYROLLES

SOMMAIRE

Vive la pleine conscience professionnelle ! 7

1. Être présent à soi avant de plonger dans son travail . 13

2. Cultiver la joie profonde pour se motiver 21

3. Choisir la solution de simplicité 31

4. Apprivoiser la satiété 41

5. Entendre sa vocation 51

6. Décider en exerçant son discernement 61

7. Faire de son corps un allié face au stress 71

8. Affronter les conflits en suspension de jugement. . . . 85

9. Vie privée, vie professionnelle : épouser ses ombres . 97

10. Rompre les cycles répétitifs de carrière 107

11. Guérir de l'urgence avec le moment présent. 117

12. Renoncer à la comparaison dans son équipe 127

13. Mourir pour renaître professionnellement 137

14. Faire connaissance avec autrui en chaque occasion 149

15. Voir la beauté au cœur des crises 159

16. Oser perdre ses illusions 169

17. Être à l'écoute des signaux faibles 181

18. Travailler au bien commun 191

19. Avoir des moments de vérité dans son travail 201

20. Persévérer sur sa voie 211

21. Exercer son leadership : l'art du laisser-être 221

22. Faire un avec tout ce qui advient 231

Laudes 243

Bibliographie 245

Index des notions 251

Index des noms 253

Table des matières 255

VIVE LA PLEINE CONSCIENCE PROFESSIONNELLE !

> *« C'est le travail qui t'enseignera comment travailler. »*
> Proverbe estonien

À quoi bon un livre voué à nous rendre heureux professionnellement ? À première vue, dans nos vies, le travail n'est pas en odeur de sainteté. Dans une société de chômage de masse, le constat est aussi amer que paradoxal : l'activité professionnelle, tant convoitée par ceux qui n'en ont pas, est désormais vue comme la cause de tous les maux de ceux qui en ont. Démotivant, dépourvu de sens, dangereux physiquement, éprouvant psychiquement, voire aliénant mentalement… Le travail semble nous faire vivre une servitude volontaire à tous les échelons et tous secteurs confondus. Le XIXe siècle croyait que la science et la technique apporteraient le progrès social, et que l'éducation intellectuelle nous libérerait de la pénibilité du travail manuel. Le XXe siècle a été celui de la productivité tous azimuts, des usines et des kolkhozes jusqu'aux camps nazis et aux goulags ; le XXIe siècle s'ouvre sur une crise de la représentation, un désenchantement du modèle du plein emploi et de l'hyper-consommation. Le travail salarié, qui s'est tant généralisé au siècle précédent, ne fait plus rêver à l'ère postindustrielle. On découvre que le suicide et la dépression sont le lot de la vie de bureau, que la promotion hiérarchique n'abolit pas le déplaisir, et que le confort matériel n'apporte pas un surcroît de sens dans nos vies, bien au contraire. Quand j'étais jeune chef de projet, l'ennui et la routine m'ont fait éprouver amèrement l'absurde du monde du travail : de plus en plus de process, d'intelligence artificielle et de systèmes-experts signifient de moins en moins de place pour la motivation humaine, par essence imprévisible, mystérieuse et fragile.

> « La carrière professionnelle est un jeu de pistes porteur d'un message : le travail est un long chemin initiatique vers notre vocation profonde. »

Pourtant, l'équation « plus de performance = moins de sens » n'est pas une fatalité. Travailler dans la confiance, prendre des décisions sous stress, maîtriser son temps et gérer ses priorités de vie, manager les conflits de façon écologique, piloter une stratégie de carrière par temps de crise… Face à ces enjeux, les recettes de la presse à succès et les patchs d'affirmation de soi sont des placebos qui ne font qu'accroître la lutte de chacun pour soi, plongeant tant de leaders dans le désarroi. Je rencontre des femmes et des hommes d'entreprise pour qui le monde extérieur, avec ses contrariétés, ses espoirs et ses aléas, est une occasion perpétuelle d'explorer leur monde intérieur ; de tous horizons, ils regardent leur travail comme une fractale qui contient la totalité des facettes de leur vie, passée, présente et à venir. Ils témoignent qu'en prenant pleinement soin d'eux-mêmes, ils résolvent aussi les problèmes de fatigue, de démotivation et de découragement dans le travail. Pour eux, la carrière professionnelle est un jeu de pistes semé d'embûches mais porteur d'un message positif :

le travail est un long chemin initiatique où tout fait signe et tout fait sens pour rencontrer sa vocation profonde dans la vie.

Depuis quelques années, un faisceau d'ouvrages et de séminaires convergent autour d'une idée simple, au-delà de toute querelle idéologique : la clé du bonheur réside en chacun de nous, dans un espace intérieur où l'être précède le faire et l'avoir. Regroupées dans le courant de la « pleine conscience », ces pratiques de travail « sur soi » ont leur place dans le monde des affaires auquel nous consacrons tellement de notre temps avec si peu de satisfaction.

Le terme de la pleine conscience recouvre plusieurs disciplines mêlant des traditions anciennes et des méthodes nouvelles, qui n'ont pourtant jamais fait l'objet d'une application au monde du travail.[1]

D'un côté, les neurosciences rejoignent la pensée positive : notre cerveau a des facultés inexplorées pour cultiver des états de bonheur : la pensée créatrice, le pouvoir de l'intention, la synchronisation des hémisphères du cerveau ou encore le rêve éveillé nous montrent comment utiliser notre hémisphère droit pour changer notre expérience de la réalité. Nous prenons conscience que notre volonté est limitée, mais nos pouvoirs de connaissance sont illimités. Au-delà du vouloir agir, il y a l'être, cœur de la vocation professionnelle. Tout le courant de la loi de l'attraction, popularisé notamment par *Le Secret* de Rhonda Byrne, est une invitation à découvrir à quel point nos représentations gouvernent notre réalité ; appliquée au champ professionnel, cette découverte montre que la transformation du monde du travail commence dans nos têtes, en utilisant l'intuition, la fluidité et la présence à ce qui est ici-maintenant.

D'un autre côté, les nouvelles psychologies rencontrent des traditions de sagesse et de philosophies anciennes. En sortant de la boîte noire de nos projections, il nous est possible de

---

1. Une bibliographie complète figure à la fin de l'ouvrage.

nous dissocier de l'illusion de l'ego pour toucher une vérité plus essentielle sur soi. Dans ces voyages immobiles que les cercles gnostiques, les poètes romantiques, puis les surréalistes ont investigués, il s'agit d'explorer des états de conscience élargie, où l'on éprouve la « non-séparation » entre l'esprit et la matière, entre moi et autrui, ou encore entre toutes les dualités que fabrique notre mental. Nul besoin d'être malade pour revisiter nos souffrances physiques et psychiques comme autant de portes d'accès à un état de plénitude et de vacuité dans l'Être. Ce que le DSM-IV qualifie d'état dépressif est parfois un éveil de conscience, que l'on peut accompagner en élargissant notre référentiel psychologique à d'autres champs, notamment énergétiques. Ils nous enseignent comment vivre chaque moment à un taux vibratoire plus intense, en pleine conscience de ce qui s'y passe.

Enfin, les techniques orientales de méditation et de recueillement se rapprochent des pratiques californiennes de guérison comportementale : le corps est une clé d'accès à des espaces où l'être peut s'épanouir dans des états plus profonds de conscience de soi, du monde et de l'entre-deux. Nous disposons aujourd'hui de méthodes éprouvées pour voyager dans notre monde intérieur, parmi lesquelles la technique des mouvements oculaires, la synchronisation des hémisphères cérébraux de Robert Monroe, les explorations régressives héritées notamment de Stanislas Grof, de Leonard Orr et plus récemment de Luc Nicon. Fondées souvent sur la maîtrise de techniques de respiration et de présence à soi, ces techniques sont aujourd'hui à rapprocher de pratiques de relaxation et de visualisation créatrice qui ne dissocient pas le corps et l'âme. La méditation fait son entrée dans nos vies actives, pourquoi s'en priver ?

D'Eckhart Tolle à David Servan-Schreiber, de Thich Nhat Hanh à Christophe André, d'Esther Hicks à Jon Kabat Zinn, ces vingt dernières années ont vu apparaître des auteurs pionniers de la pleine conscience, auxquels je veux rendre hommage pour avoir rassemblé et fait connaître avec talent des courants puissants et relativement épars qui participent d'un nouveau paradigme de leadership holistique. L'ambition de ce livre est de lever le voile sur ces disciplines de l'âme qui nous font du bien et qui sont méconnues en entreprise. Il propose un chemin d'initiation à la pleine conscience professionnelle en 22 chapitres. 22 étapes pour s'entraîner à travailler en pleine conscience de soi, des autres et de l'entre-deux. 22 étapes pour explorer la vocation qui nous anime toujours derrière la motivation qui nous manque parfois. 22 étapes pour concilier sagesse personnelle et performance professionnelle. Chaque chapitre peut se lire indépendamment. Conçu comme un dialogue, il comporte deux volets :

- le premier, intitulé « vécu », est écrit à la première personne du singulier. Il propose témoignages et exemples ;

- le second, intitulé « zoom », est écrit à la deuxième personne du singulier. Il invite à l'introspection et l'expérimentation.

Le tutoiement est un hommage aux *Nourritures terrestres* d'André Gide, écrites en 1896, manuel de pleine conscience avant l'heure. « Et quand tu m'auras lu, jette ce livre – et sors. Je voudrais qu'il t'eût donné le désir de sortir – sortir de n'importe où, de ta ville, de ta famille, de ta chambre, de ta pensée. N'emporte pas mon livre avec toi. […] Que mon livre t'enseigne à t'intéresser plus à toi qu'à lui-même, – puis à tout le reste plus qu'à toi.[2] »

---

2. André GIDE (1897), *Les Nourritures terrestres*, Gallimard, Bibliothèque de la Pléiade, p. 158.

ÊTRE PRÉSENT À SOI AVANT DE PLONGER DANS SON TRAVAIL

« Rien n'aura jamais eu lieu que le lieu. »
Stéphane Mallarmé

VÉCU

On peut fonctionner, même très efficacement, sans jamais être vraiment présent à ce que l'on fait. Travailler comme un automate est un moyen de mettre entre parenthèses son ennui. C'est même la méthode empruntée par tous les bourreaux, des SS aux Khmers rouges, pour ignorer leurs états d'âme pendant leur « travail ». Pour autant, cela ne résout rien, personne ne pouvant taire sa conscience durablement. Être présent à soi suppose d'éteindre le processeur qui tourne en tâche de fond dans sa tête.

Jusqu'aux cinq ans environ de mon fils aîné, je rentrais tous les soirs pour m'occuper de lui. J'étais physiquement au rendez-vous, mais mon esprit était ailleurs, dans les préoccupations de ma journée de travail, et mon fils le sentait : son repas virait à une interminable guerre de tranchées, et cette habitude censée être plaisante devint une corvée. Je n'étais pleinement présent ni à lui, ni à moi, ni à notre moment ensemble. En ayant des sas de décontamination entre les univers de ma vie, je tâche désormais d'être présent pleinement à l'instant présent.

Pourquoi est-ce devenu si difficile d'être en conscience aujourd'hui ? Parce que le travail nous éloigne du présent : il nous met dans des boucles de flux continu, d'obéissance à un processus et de projection dans un planning à tenir. Et les nouvelles technologies favorisent l'illusion d'ubiquité en nous permettant de faire plusieurs choses en même temps : lire, écrire, parler, écouter… tous nos capteurs sont sollicités sans pour autant que l'on soit présent, ici, maintenant. En fait, on agit le plus souvent en oubliant d'honorer la présence à soi. « Tout le monde est occupé », comme dit le titre d'un roman de Christian Bobin, mais notre disponibilité en est d'autant plus grignotée. Le premier acte de liberté que l'on peut poser dans son travail se

> « Pourquoi est-ce devenu si difficile d'être en conscience aujourd'hui ? Parce que le travail nous éloigne du présent. »

résume à cela : être présent à soi. J'ai commencé l'escrime il y a quelques années, vieux rêve de jeunesse exhumé, en disant « pourquoi pas ? ». Dans une phrase d'armes, l'essentiel se passe avant l'assaut, dans la concentration de tout son corps sur le geste épuré qui fera que l'on touche avant d'être touché. Chaque fois que je touche mon adversaire de façon « valable », c'est parce que j'ai visualisé mentalement mon corps avant de plonger dans un assaut. Ce n'est pas un conditionnement tendu vers la cible, mais plutôt une présence à moi-même, tranquille et vigilante.

ZOOM

La lecture de ce livre débute et, symboliquement, c'est un peu comme le commencement d'une journée de travail, d'un nouveau job, d'une vie professionnelle : tu vas au-devant de l'inconnu, avec des appréhensions et des espoirs. Fatalement, cela te replonge dans le trac, on n'a jamais deux fois l'occasion de faire une bonne première impression, n'est-ce pas ? Et dans chaque cas, la première fois contient en puissance toutes les fois suivantes. Cher lecteur, selon que je t'imagine dans un lieu public environné de bruits et de regards, ou bien dans un espace intime et protégé, ma perception de cette première rencontre est différente. Avant d'aller plus loin, une question : es-tu pleinement là ? Es-tu présent avec ta tête pensante, ou avec tout ton corps et tout ton être ?

Acte premier, respirer en conscience de l'instant présent

Prends un moment pour te demander quelle partie de toi est mobilisée dans cette tâche de lecture. Pour ce faire, tu peux t'asseoir confortablement, les deux pieds posés sur le sol, dans une posture digne, ni trop ferme ni trop avachie. Les yeux mi-clos, les mains posées délicatement sur les genoux, paumes ouvertes vers le ciel, tu peux concentrer à présent ton attention sur le souffle de ta respiration, soit sur l'air qui entre et sort de tes narines, soit sur la poitrine qui se soulève et se baisse, soit encore sur le mouvement du ventre si tu as une respiration abdominale. Sans autre objectif que d'observer calmement ce mouvement perpétuel d'*inspir* et d'*expir*, tu mets toute ton attention dans ce va-et-vient physique de la colonne d'air qui te parcourt. À cet endroit, en cet instant, il n'y a rien d'autre que la présence de ton souffle. Ici, maintenant, tu passes quelques instants en compagnie de toi-même. Si tu entends les bruits extérieurs alentour, ou si tu perçois une idée qui vient te distraire, accueille tranquillement ces perturbations et ramène doucement ton attention sur ta respiration.

Si tu as une chose à faire, à dire ou à te rappeler, ce moment de pleine conscience est un préalable indispensable pour écouter ton monde intérieur, faire un *check-in* pour te centrer sur le moment présent et rapatrier tout ce qui peut t'en éloigner. Avec un peu d'entraînement, au bout de deux minutes, que constates-tu ? Que ton être grouille de bruits et de mouvements centrifuges ; tu es parcouru par des milliers de pensées désordonnées. Ce sont autant de préoccupations, *business* en anglais, qui te privent d'une acuité plus large du moment présent. Tu vois se diluer, par le simple exercice de la respiration consciente, les pensées et émotions qui te parasitent, qu'elles proviennent du passé – « je me suis promis de… », « je rumine encore ce qu'il m'a dit hier… », « j'ai vécu quelque chose de formidable tout à l'heure… », ou qu'elles anticipent l'avenir. Au moment présent, le passé et l'avenir n'ont aucune existence réelle, ni avec eux les loyautés aux tracasseries et aux appréhensions que le temps véhicule. Cet exercice recèle un secret : dans la conscience de ce moment présent, tu contactes en fait l'éternité puisque le temps s'abolit. Dans cet espace qu'il t'appartient de visiter, ta réunion importante n'a pas commencé, le dossier brûlant n'est pas encore entre tes mains, le collègue difficile n'a aucune prise sur toi. Au seuil de chaque journée, profite de cette bulle de présence que tu peux t'offrir pour rapatrier tout ton être. Installé dans cette conscience accrue, la qualité de ta présence à ton travail en sera modifiée, plus distanciée et plus vibrante à la fois.

Entre à présent dans le vif du sujet

Une fois ce check-in réalisé, comment passer à l'action ? Ouvre les yeux et regarde autour de toi comme si c'était la première fois que tu voyais cet environnement familier. Entraîne-toi à remarquer de petits détails nouveaux à chaque occasion, comme des perles de pleine conscience : seul ton regard a le pouvoir de réenchanter ton cadre de vie. Il ne s'agit pas de juger ce que tu vois, juste de le regarder pleinement. Prenant lentement conscience des éléments qui t'environnent, tu peux maintenant évaluer ton taux de présence à la réalité qui t'entoure : es-tu là à 20 % ? À 80 % ? Quel est ton secret pour être présent à 100 % ?

D'une part, tu as ouvert tes canaux de perception. Sur ton lieu de travail, il ne s'agit pas seulement de « produire et reproduire encore », mais aussi de voir, d'entendre, de sentir, de toucher et de goûter la saveur de l'instant. En écoutant ton bruit intérieur, tu fais naturellement et involontairement silence en toi, cela fait de la place pour augmenter ta qualité de présence. D'ailleurs, tes collègues ont remarqué ce léger changement dans ton regard, ton sourire ou ta voix quand tu es vraiment présent, n'est-ce pas ?

D'autre part, tu t'es ajusté à la réalité comme une pièce au puzzle général, au lieu de tenter de la contraindre en la tordant au gré du désir, comme on le fait si spontanément. Nos neurones-miroirs sont prévus pour nous permettre de nous caler sur la fréquence de l'autre ; en étant présent, tu appliques ce *fine tuning* à toute la réalité qui t'entoure : ta voix est différente quand tu t'adresses en pleine conscience à une assistante ou à un directeur, ton sourire est contagieux et ta gêne aussi. En étant plus en phase avec le contexte dans lequel tu agis, tu contribues aussi à l'harmonie ambiante, indépendamment du conflit qui t'attend ou du message que tu entends faire passer dans ton travail.

Enfin, tu prends soin de toi dans toutes les parties de ton être. Si tu te jettes à corps perdu dans une activité, tu te confonds avec ton mental. Or, il n'occupe qu'une partie de ton cerveau, qui n'est qu'une partie de ton corps physique, qui n'est qu'une des formes de tes corps subtils qui font ton être au monde, qui n'est, à son tour, qu'une partie de ton être vivant. Tu distingues mieux tes propres poupées russes et risques moins de les mélanger avec celles d'autrui, aussi nombreuses et imbriquées que les tiennes. Le vif du sujet, c'est toi, bien vivant quand tu vas au-devant des tâches à accomplir, qui sont quant à elles un objet plus ou moins vivant et vital. Bravo ! Tu commences déjà à séparer ta conscience présente du « sans forme » de ton occupation mentale, qui est une « forme pensée » : elle n'est ni vraie ni fausse, mais une marionnette dont tu tires toi-même les ficelles.

Sésame, ouvre-toi !
Quelle est ton intention ?

Maintenant que tu es présent, ta journée de travail peut pleinement commencer. Prêt ? Pas tout à fait. Il nous reste une énigme à résoudre : à quoi verras-tu que ton travail a été satisfaisant ? Au-delà de l'état interne que procure la respiration consciente, y a-t-il un critère externe pour traduire cet alignement interne corps et âme ?

Voici la question magique à te poser juste avant de plonger dans l'activité professionnelle : « Quelle est mon intention ? » Elle seule donne un sens à ton action. D'abord un sens éthique, puisqu'elle contient l'idée même d'agir en conscience. Un sens géométrique aussi, car elle vectorise le temps en articulant les actes à une volonté, une promesse ou un espoir contenus dans cette intention. Un sens prosaïque enfin, en rassemblant tes esprits autour d'une seule intention – si tu poursuis plusieurs objectifs, *a fortiori* contradictoires, comment ne pas être déçu ou fatalement incertain sur l'issue ?

Cela implique que tu renonces à comprendre le mouvement perpétuel dans lequel tu baignes en respirant ainsi avant d'agir. Être présent à ton travail ne nécessite pas d'interpréter, encore moins de prévoir. Vois-tu que ton centre de gravité se déplace de la tête dans le cœur quand tu pratiques ce rendez-vous avec le moment présent avant de plonger dans ton travail ? Au-delà d'un exercice de bien-être, séparé du flux quotidien de stress et de contrariétés, la pleine conscience réorganise tout ton engagement dans l'action, tout prend sens pour peu que tu t'y attardes.

Je t'invite ici à un double mouvement, cher lecteur. D'un côté, densifier ta présence au moment présent, dans une attention juste et entière à tout ce qui se passe en toi et à l'extérieur de toi. De l'autre côté, te détacher peu à peu du contenu et de l'impact sur autrui, qui dépend surtout de lui en définitive. Pour réussir ce double mouvement, veux-tu que nous explorions au chapitre suivant comment te motiver en confiance ?

Mener la moindre action en conscience

La prochaine fois que tu as une tâche aussi triviale à effectuer que des photocopies, décompose dans ta tête les gestes et regarde-toi agir tranquillement : il n'est pas nécessaire de le faire lentement, tu peux identifier le rythme de ta conscience quand tu la mobilises. Si un collègue passe ou qu'un aléa surgit, tu les accueilles simplement, en t'efforçant de rester attentif et détaché, seulement occupé à faire des photocopies en conscience.

Quelles sont les pensées, émotions ou sensations qui ont traversé ton esprit ?

. . . .

. . . .

. . . .

En quoi ce moment d'action en pleine conscience était-il différent de l'habitude ?

....

....

....

Quel est l'enseignement de cet exercice pour le reste de ta vie au bureau ?

....

....

....

Un sésame vital : quelle est mon intention à l'instant présent ?

Écouter mon bruit intérieur avant d'agir me rend plus performant

Il n'y a pas de tâche ingrate : le sens de mon action dépend de la conscience que j'y mets

CULTIVER LA JOIE PROFONDE POUR SE MOTIVER

« Tout le monde croit que le fruit est l'essentiel de l'arbre quand, en réalité, c'est la graine. »
Frédéric Nietzsche

VÉCU

La joie dans le travail sonne comme un oxymore. La répétition de tâches dénuées de sens, la lassitude des incessantes querelles entre collègues et le sentiment d'inachèvement face à la masse de dossiers à traiter sont venus à bout de notre enthousiasme professionnel. Quand je vais à la Défense, le quartier d'affaires qui concentre les cols blancs de la capitale, le matin je regarde les passants qui arrivent à leur travail et le soir le visage de ceux qui en repartent : un même ennui profond, une même absence, j'ai la sensation de contempler une cohorte d'automates. Rares sont les lueurs témoignant d'une joie inattendue. Est-ce une fatalité ?

« Un jour, au début de ma carrière, j'ai connu le néant professionnel », ainsi me parlait un ami économiste de ses débuts professionnels dans le conseil. Devenu cicérone, entre enseignant chercheur et directeur spirituel, il a vécu cette expérience première comme une révélation, la nécessité d'une quête plus essentielle de sens. Son cas n'est pas rare, mais sa lucidité l'est ; en général, un tel sentiment de vide existentiel dans le travail nous fait si peur que nous faisons tout pour l'occulter ou le recouvrir.

Osciller dans son travail entre ennui et divertissement, éternelle dualité pascalienne. Quand je travaillais dans l'industrie électrique, loin de ma compagne et de mes amis, dans une usine perdue au fond d'une triste vallée suisse, j'ai éprouvé cette détresse incroyable de la vie de bureau, monotone et lourde. Je luttais contre ce vide en égrenant les heures de la journée, en m'accrochant à des repères plaisants et dérisoires comme les repas et le trajet en voiture avec de la musique à tue-tête ; l'arrivée du week-end me mettait dans une bulle d'exaltation, mais le dimanche soir, je retrouvais mes semelles de plomb. Michel Vaujour raconte qu'il s'était emmuré dans une violence intérieure pour tenir face à la souffrance de l'enfermement en QHS jusqu'à ce qu'il s'effondre, une balle dans la tête lors d'un hold-up raté, dans une rage de vivre qu'il n'avait jusqu'alors jamais éprouvée. Eckhart Tolle a quant à lui connu cet éveil à 29 ans, passant des heures entières sur un banc dans une félicité indéfinissable successivement à un long état dépressif. Faut-il descendre si profondément pour trouver de quoi se motiver ?

La motivation est un mécanisme fragile et méconnu en entreprise, usé par trop de séminaires d'*incentives*. Quelques principes issus de la psychologie humaniste et des travaux de Frederick Herzberg sont utiles à garder en mémoire.

Primo, on ne peut motiver que soi-même. Aucune incitation externe n'a le pouvoir de nous motiver, tout juste stimulet-elle ou non une disposition individuelle à se motiver. Pour un manager, la motivation est une boîte noire propre à chaque collaborateur, qui ne se décrète pas et renvoie à des *drivers* personnels pas toujours conscients.

Secundo, pour connaître ses propres moteurs professionnels, mieux vaut interroger ses émotions. Les bilans professionnels et les outils rationnels de psychométrie ne nous renseignent guère sur nos besoins inconscients, car ils subissent le filtre de nos croyances. En revanche, les émotions telles que la tristesse, l'ennui ou le sentiment du néant nous ouvrent la porte des besoins insatisfaits dans notre existence. Nous savons depuis Abraham Maslow et Marshall Rosenberg que reconnaître, exprimer et assouvir nos besoins dépend intégralement de nous. Seuls les enfants projettent sur autrui la prise en charge de leurs besoins. Quand je me raconte que ma satisfaction professionnelle dépend d'un client difficile, d'un patron pervers ou d'un collègue récalcitrant, je renonce à me prendre en charge.

> « Quand je me raconte que ma satisfaction professionnelle dépend d'un client difficile, d'un patron pervers ou d'un collègue récalcitrant, je renonce à me prendre en charge. »

Ai-je seulement conscience de mon besoin dans le travail ? L'ai-je fait savoir autour de moi ? Quelles décisions dois-je prendre pour cesser l'autosabotage ?

Tertio, l'insatisfaction et la motivation se déploient sur deux axes distincts, ce n'est pas en agissant sur les facteurs d'hygiène comme les conditions de travail ou l'argent que l'on gagne que l'on augmente les facteurs intrinsèques de motivation tels que le contenu du travail lui-même ou le sentiment de se réaliser à travers lui. La motivation procède de l'intérieur vers l'extérieur, c'est un mouvement du cœur et non une construction du mental.

Longtemps, je ne me suis pas levé de bonne humeur. Il m'a fallu du temps pour accepter que l'état de tristesse que je connaissais n'était pas lié à mon environnement : j'étais un enfant triste, qui avait tôt appris à donner le change en devenant un enfant doué. J'ai toujours adoré travailler, j'ai été séduit par des théories et des concepts qui confirmaient mon pessimisme enchanté sur le monde du travail. Mais cet autoconditionnement me permettait surtout d'ignorer une blessure plus fondamentale. Je suis né d'un chagrin, il m'a fallu traverser l'inconsolable pour apprendre la joie première des premières fois, dans le travail comme dans la vie autour. J'y ai découvert que la joie de vivre est ontologique. Renoncer à des loyautés mortifères est un premier acte d'automotivation. Dans mon usine à désespérer les vaches helvètes, la joie a émergé quand j'ai eu le sentiment d'être utile et présent parmi les autres, j'étais joyeux parce que j'avais dissocié l'effort et la fluidité, renonçant au sarcasme et à l'auto-apitoiement comme remparts contre les autres. J'ai pris le risque de sortir de mon histoire et j'ai rencontré de la joie.

La joie est une émotion foncière comme la peur, la honte, la culpabilité ou la colère. Sans cause ni objet, elle surgit à l'improviste, l'air est soudain plus léger, le sourire s'installe plus facilement sur les visages et la pensée se délie comme par magie. Dans mon expérience, c'est un état sensationnel de paix intense, sans effort ni désir, qui apparaît et disparaît comme une volée d'oiseaux par-dessus le mur. Quoique insaisissable, il nous appartient de la voir ou pas, elle loge parfois dans les recoins du bureau, à la cafétéria ou dans un couloir. Comme un muscle qui s'entraîne, la joie naît d'instants à contempler la pulsation de l'être, dans les interstices du fonctionnement automatique dans le travail. Comment chanter l'hymne à la joie en travaillant ?

ZOOM

Regarde le verre à moitié plein !

As-tu conscience des ingrédients qui te mettent en joie ? En prenant appui sur ton expérience, tu peux retrouver les situations dans lesquelles tu demeures quelques instants dans la joie. Cela dépend moins du contexte que d'un regard distancié sur le flux des choses. Tu connais sûrement des collègues joyeux que la vie n'a pourtant pas épargnés, quel est leur secret ? Ils ont certes du recul et savent relativiser. Peut-être ont-ils aussi une disposition à la bonne humeur par leur résilience. Mais ils savent surtout regarder en toutes circonstances le verre à moitié plein. Tu peux t'y essayer de façon ludique : à chaque situation contrariante que tu rencontres dans ton travail, au lieu de morigéner, prends le temps d'y trouver une bonne nouvelle. Voir une occasion de temps libre dans une annulation de rendez-vous, voir un enchaînement providentiel dans les conséquences d'un retard, voir la bonté qui affleure malgré la haine… Tu découvriras que tu peux être sérieux sans être grave, et ne pas ajouter une charge d'accablement à la réalité présente. Tu vois la réalité de façon plus complète, tu renonces aux interprétations automatiques – souvent négatives et toxiques. Cela n'empêche pas d'avoir une conscience aiguë et parfois tragique de la situation. Tu sors de l'illusion d'une meilleure réalité possible que celle qui t'est présentée, ici maintenant. Tu cesses de blâmer autrui ou toi-même puisque tu trouves un bénéfice à ce qui t'arrive, toujours. Tu commences à te réjouir d'être avec ce qui est là, en plein comme en creux.

As-tu le cœur à l'ouvrage ?

As-tu déjà remarqué comment un artiste parle de son travail ? Il ne se pose pas la question de sa motivation : il crée comme il respire – c'est vital. Peux-tu t'intérioriser et voir en quoi chaque parole, chaque geste, chaque acte que tu poses dans ton travail est important ? À chaque instant, tu as l'occasion de donner du sens à la moindre de tes activités, en t'installant dans une position juste et en souriant intérieurement. Qu'est-ce que la conscience professionnelle, si ce n'est cette attention esthétique à trouver la joie dans chaque action ? Oublie un instant la légende dans laquelle tu t'es inscrit pour jouer jusqu'ici ton rôle professionnel, et contemple simplement le pouvoir que tu as de vivre ton travail comme un labeur, comme un gagne-pain ou comme une œuvre. Ne pense pas trop à ton travail, regarde-le depuis ton cœur.

Je m'explique : tu as sans doute des raisons de te plaindre de tel ou tel aspect de ton quotidien professionnel, des inquiétudes légitimes et même des révoltes qui te mobilisent. Cela, c'est ton mental, ton ambition et ton discernement qui le guident. Mais tu as autant de sources de réjouissance à chaque seconde, pour peu que tu places ta conscience professionnelle dans ton cœur, au propre comme au figuré. Artisan de ton destin professionnel, tu tisses à chaque instant le métier avec le fil de l'amour du travail bien fait.

Cela t'a surpris de lire que c'est l'amour du travail bien fait qui t'anime profondément ? Pour contacter cette intention première de goût pour la belle ouvrage, il te faut traverser des peurs et des blessures : peur d'être lésé ou d'être insuffisant, blessure de n'avoir pas été vu ou reconnu, par exemple. Toutes les histoires que tu t'es racontées – « je n'ai pas choisi mes études…, le marché du travail est injuste…, mon manager me harcèle… » – ne viendront pas à bout de cette quête ontologique, comme la sève qui fait pousser le brin d'herbe à la verticale envers et contre tout : l'amour du beau travail est la source première de la joie professionnelle. Après une intervention en public ou un dossier mené à terme, indépendamment des louanges que tu reçois ou pas, tu sais dans ton cœur que tu as mis de la ferveur et de l'ardeur dans ton activité, n'est-ce pas ?

Et cette joie-là, immédiate et indicible, personne ne peut te l'enlever ni te l'imposer.

Crée toi-même ta réalité

Il y a mille façons d'exprimer sa joie, de la ressentir et de la nommer : félicité, allégresse, émerveillement, réjouissance… Le langage du cœur est plus riche pour traduire cet état que les mots savants. Dans l'Église chrétienne orthodoxe, il y a une tradition de recherche de la paix intérieure par une méthode d'oraison dite hésychaste. Veux-tu trouver ta prière du cœur qui inscrit ton existence professionnelle dans la joie de vivre ?

D'une part, sache que ton chemin est une ascèse, une discipline personnelle que personne ne peut conduire à ta place. En observateur attentif de toi-même, tu places ton attention dans ton cœur, calmement à l'écoute de ton pouls, et que perçois-tu ? Une aptitude à contempler le monde qui t'entoure, un regard qui embellit ce qu'il voit, une disposition à la joie entière et intacte. Cet instant dure une éternité, il est enivrant et pourtant plus réel que le travail d'où tu t'abstrais.

D'autre part, tu crées un espace intérieur immense en éprouvant la joie simple de la pleine conscience, d'entendre ton cœur battre doucement et involontairement : tu traverses des refus et des émotions contradictoires, pour atteindre un lieu intérieur où brûle ton feu sacré, dont l'action professionnelle n'est qu'une matérialisation. Éprouve la sensation que cela suscite en toi, et contemple la joie de recréer le monde par le travail que tu accomplis, même dérisoire. Cet instant passé à contacter la joie, à la voir apparaître ou disparaître au gré des vagues de ton impermanence, est éternel. Tu peux y revenir à tout moment, il est le lieu où s'enracine ta motivation.

Enfin, tu peux t'abandonner à la joie, accepter de la perdre pour la retrouver, en t'aidant d'une mélodie intérieure, d'un mantra ou de toute autre mélopée qui t'inspire. Comme un derviche soufi, te voilà dans un état vibratoire intime et précieux, qui renforce ta sécurité intérieure face aux assauts du monde. Cette matrice joie/tristesse te met en présence d'une protection symbolique que tu peux ancrer en croisant les bras. Nul n'a besoin de savoir que, lorsque tu fais ce geste au milieu d'une réunion, tu contactes cette joie profonde qui contient toute l'énergie que tu déploies dans le feu de l'action. L'esprit souvent encombré de tracas et choses à faire, tu arrives face à un choix critique : faire simple ou faire compliqué ?

Six tableaux de méditation hésychaste d'après Jean-Yves Leloup

Quand tu sens que ta motivation vacille, pratique l'exercice suivant : les yeux mi-clos, assieds-toi et imagine dans un premier temps que tu es une montagne, solide et stable, que tu es relié aux règnes minéral, végétal et animal. Prends conscience de ta tranquillité face aux saisons et aux aléas extérieurs, et de ta force imperturbable mais guère insensible. Quand tu n'as pas le temps, médite comme une montagne.

Dans un deuxième temps, cultive ton orientation vers le soleil, en méditant comme un coquelicot, tiré verticalement vers la lumière, sentant ton sang comme la sève. Prends le temps de sentir fleurir en toi tous les possibles de cette journée et de la vie qui t'attend, et observe la fragilité de tout cela. Quand tu es orgueilleux, médite comme un coquelicot.

Ensuite, respire comme un océan, en ressentant que l'inspir et l'expir sont un unique mouvement de l'être, plus profond que les vagues des pensées qui t'assaillent. Prends conscience de ce qui est présent quand tu suspends légèrement ta respiration. Quand tu es triste, médite comme un océan.

Dans un quatrième tableau, il s'agit de méditer comme un oiseau, en murmurant une invocation qui emplit ta gorge. Choisis le chant ou le mot qui t'emplit de respect et de joie quand tu le répètes intérieu-

rement, sens s'il réchauffe tes os. Quand tu es en colère, retrouve la louange en méditant comme un oiseau.

La cinquième proposition est de rentrer en contact avec la quête qui t'anime, qui transcende tes actes et d'y contempler le souffle créateur comme Abraham face à Dieu. Si tu es athée, cela peut prendre la forme du Soi où réside ta confiance, d'un idéal de pureté inconnaissable mais palpable par la joie, notamment.

Enfin, le sixième tableau qui t'est proposé est la synthèse des précédents, il t'invite à intégrer toutes les dimensions en éprouvant un amour inconditionnel pour ce qui est là, toi y compris ton ego. Si tu es sensible à cette image, tu peux méditer comme Jésus, en tant qu'archétype de l'amour holistique, tu peux aussi choisir tout symbole d'élévation immatérielle que tu associes à cet état essentiel.

Quand tu reviens en état de conscience ordinaire, comment te représentes-tu ta motivation présente ?

....

....

La satisfaction de mes besoins ne dépend pas d'autrui

La joie est un état d'être qui se cultive librement et inconditionnellement

La démotivation réside dans la tête, la motivation siège dans le cœur

CHOISIR LA SOLUTION DE SIMPLICITÉ

VÉCU

L'entreprise se meurt de sa sophistication. Il m'arrive de rencontrer des dirigeants qui décrivent leur activité de façon si conceptuelle et uniforme qu'il m'est difficile, en fermant les yeux, de deviner leur secteur et leur raison d'être. La logique incrémentale gouverne tant de décisions que nous sommes désormais réduits à des milliers d'arbitrages binaires, souvent dépourvus du sens global : entre l'injonction à prendre des initiatives et la conformité aux procédures (juridiques et fiscales, réglementaires et environnementales), le quotidien professionnel nous plonge dans un perpétuel *double bind*. Sans simplicité, le travail devient une mécanique industrielle, sans surprise ni désir. Comment retrouver le fil de la simplicité, collectivement et individuellement ?

Simple *vs* élémentaire. Qui n'a pas le sentiment que son travail est envahi aujourd'hui par des tâches bureaucratiques ? Certes, nos systèmes mondialisés sont infiniment plus complexes qu'à l'époque des organisations pyramidales. Les paramètres à intégrer dans la moindre stratégie opérationnelle impliquent aujourd'hui le recours à un faisceau d'acteurs – consultants, experts, organes réglementaires, clients internes et externes. L'incertitude grandissant, le management s'en remet aujourd'hui à de nouveaux oracles technologiques : nous vouons un culte croissant aux systèmes d'information et à leurs usages dérivés : les outils de communication collaboratifs et les réseaux sociaux forgent une religion sans Dieu, où les procédures automatiques sont une liturgie, et l'ubiquité, l'immédiateté et la virtualité un dogme planétaire. Force est de constater que dans l'entreprise la décision se prend désormais toute seule, de façon programmée, sans intervention humaine dans de nombreux domaines. Et l'on a ainsi confondu complexité avec complication, simple avec élémentaire. Je constate que les entreprises technophiles, adeptes du management 2.0, sont parfois celles où la communication interpersonnelle fonctionne le plus mal, inauthentique et violente. Je vois des Groupes se noyer dans des escalades organisationnelles et techniques aussi vaines que spéculatives, au lieu d'inciter les personnes clés à se rencontrer, se parler et s'écouter en toute simplicité. Pourtant, un des credos de Steve Jobs, apôtre de ce village global, n'était-il pas la simplicité du produit, gage de son esthétique et de son usage ?

Simple *vs* facile. Soyons honnête, les nouvelles technologies n'expliquent pas tout. Le pays de Descartes et Voltaire valorise l'intelligence rationnelle plus que tout, comme en atteste la vie à l'école et en entreprise. Dans cet esprit, on regarde le monde à travers le prisme de la théorie plutôt que de l'expérience, on fait confiance au statut plutôt qu'au talent, on préfère analyser des problèmes plutôt que de trouver des solutions. Cette pente est relativement facile à suivre dans la fabrique des élites économiques, mais elle n'aboutit que rarement à une vision claire et déliée du monde des affaires. « L'intelligence est caractérisée par une incompréhension naturelle de la vie », disait Bergson. Pendant des années, je me suis évertué à faire mentir cette loi, me nourrissant de concepts et d'idées pour guider ma vie, y compris professionnelle. Et les sciences humaines m'ont conduit un jour à une aporie métaphysique, je voyais l'enfermement idéologique des différents systèmes de pensée et le paradoxe d'écrits intellectuels de plus en plus subtils et abscons. L'économie, la psychanalyse, la sociologie et la philosophie n'échappent pas à cette élucubration séduisante intellectuellement sur le monde du travail, mais sans vitalité opérante, comme l'atteste la défiance vis-à-vis du conseil-expert. En entreprise, quand j'écris des dizaines de pages de transparents pour une présentation, des rapports de taille impressionnante pour défendre une thèse, des notes de conjoncture à plusieurs variables pour légitimer un département, à quoi cela sert-il au fond ? Je rassure surtout mon mental, je nourris mon sentiment d'exister en échafaudant un château de sable intellectuel.

Et ce chapitre n'y échappe pas, n'est-ce pas ? Alors pourquoi avons-nous tant de difficultés à faire simple ? J'ai découvert que j'avais un bénéfice à ne pas faire simple, à me rendre incompréhensible même, cela alimentait la croyance d'être incompris par mon entourage, elle en devenait constitutive de ma personne et cette petite musique d'auto-sabotage était sans fin. Un jour, quelque temps après ma thèse de doctorat, j'ai senti physiquement que les idées m'asphyxiaient, que si j'écrivais des livres, c'était pour m'en dégager et non pour m'en ajouter ! J'ai compris qu'il y avait un chemin plus court que la démonstration cérébrale pour aller à l'essentiel, ce

> « J'ai découvert que j'avais un bénéfice à ne pas faire simple, à me rendre incompréhensible même, cela alimentait ma croyance d'être incompris. »

chemin passe par le cœur et l'intuition. Le cerveau est une mécanique horlogère à grande complication, il interprète la réalité pour nous préserver de la voir en face. Or, la réalité EST, simplement. Dans le monde du travail, où tant d'histoires douloureuses et d'espoirs déçus s'accumulent, il y a aussi une possibilité de faire simple. Comment procéder ?

ZOOM

Dis simplement oui !

Tu commences à bouillir d'impatience, tu me trouves simpliste dans mes exemples, raccourcissant à l'extrême la vie professionnelle, tu fais la liste de toutes les raisons que tu as de contester ce plaidoyer pour la simplicité ? Je te comprends. Il y a cette partie de toi qui s'indigne de tout ce qui dysfonctionne dans le monde du travail, je partage cette indignation qui vient de loin sans doute, une colère contre la vie même ? Plutôt que de t'en défendre, embrasse cette indignation, plonge dans cette partie de toi qui crie « Non ! » à la pensée positive sur le travail. Tu traverses des affirmations contrastées, certaines peuvent être violentes : « mon chef n'a pas le droit de me dire cela », « j'en ai assez de me faire avoir », « je n'ai plus confiance en ce client », etc. Accepte-les simplement, sans chercher à corriger, expliquer ni comprendre quoi que ce soit. Continue à traverser ces territoires émotionnels, il y a un espace au-delà de ce sentiment de révolte, d'injustice ou d'abattement, où la source de ton refus se tarit, tu sens un relâchement de ta tension professionnelle, tu dissipes la confusion qui te gagne.

Dans la pleine conscience, cet endroit porte un nom : la « ouité » (*cf.* chapitre 22). Alors, avec une conscience plus vaste que le film de tes pensées, tu peux dire : « Oui, c'est ainsi, telle est ma réalité professionnelle, je la reconnais et je l'accepte inconditionnellement. » Et là, un petit miracle s'opère :

soulagé d'avoir dit oui, tu vois les choses plus simplement. Ce n'est pas la réalité professionnelle présente qui te fait souffrir, c'est le refus que les choses soient ainsi. Cela n'empêche pas qu'il soit légitime d'agir sur d'autres plans pour changer des aspects de ta condition professionnelle, mais tu mèneras ces actions avec plus de quiétude. « Certes, mon chef a un comportement déplacé, je suis lésé dans mon job actuel, ce client me fait peur, etc. » Tu accèdes à un sens plus profond des enchaînements de causalité, tu vois le bénéfice inconscient que tu as eu à fermer les yeux, tu cesses de te reprocher cela et l'horizon se dégage instantanément. Dès lors que tu consens inconditionnellement au mouvement de la vie, tu cesses d'alimenter un scénario de blocage. Dire simplement « oui » à tout ce qui advient dans ton présent professionnel, ici maintenant, de plaisant et de déplaisant, par-delà tout ce qui se raidit en toi, en voilà un plan d'action difficile !

Keep it short and simple (KISS)

Connais-tu l'acronyme « KISS » ? Il y va non seulement de ton impact de communication, mais aussi de ta lecture des situations délicates dans le travail. Une fois que tu as acquis des qualités d'analyse dans ton travail, tu crois en rester là dans une posture d'expert reconnu, de sachant désirable ; le plus dur reste à faire ! L'esprit de synthèse n'est pas qu'un exercice de rhétorique, c'est une tournure d'esprit.

D'une part, tu peux faire appel à ta créativité et à ton imagination, par exemple en trouvant une métaphore pour décrire ta problématique actuelle : c'est tout de suite plus parlant pour autrui qu'un long développement. En utilisant ton intuition, tu acquiers aussi un pouvoir de décorticage du réel, car l'hémisphère droit du cerveau ne s'encombre pas de jugements et d'introjections, il explore librement. Parmi les questionnements qui simplifient, tu peux essayer les réflexions suivantes :

que dirais-tu à un enfant de cinq ans de ta situation professionnelle actuelle ? Que répondrait-il probablement ? Quand peux-tu faire appel à lui pour t'aider au quotidien ?

D'autre part, tu peux t'installer délibérément dans une optique de recherche de solution plutôt que de résolution de problème : car les lunettes par lesquelles tu regardes ta réalité la colorent en noir ou en rose. La formulation même de ton propos mérite ton attention, car elle peut simplifier ou compliquer ta façon de vivre. Les phrases courtes sont à préférer aux longs développements. La distinction entre les faits, les jugements, les affects peut aussi t'aider à y voir clair. Les interrogatives sont plus opérantes que les phrases affirmatives, mais attention aux interro-négatives qui te coincent dans le pessimisme du mental. Les questions ouvertes sont plus pertinentes que les questions fermées. Et ce ne sont pas les techniques qui manquent pour trouver des solutions innovantes[3] :

- l'enquête appréciative va te focaliser délibérément sur ce qui marche bien, et tu verras que les ennuis s'estompent d'eux-mêmes quand on cesse de les regarder ;

- la modélisation symbolique (*clean language* et *clean space*) te propose un questionnement collant à tes propres mots, et une représentation spatiale de ceux-ci pour utiliser les pouvoirs de ton inconscient au service d'une situation apparemment inextricable ;

- l'école systémique de Palo Alto te propose de provoquer un changement de perspective en jouant du paradoxe : par exemple, tu peux imaginer le pire scénario, et voir ce qui arriverait.

Guy Corneau, célèbre psychanalyste canadien, raconte dans un de ses séminaires un stage de sculpture sur pierre qu'il organisa en Inde pour s'entraîner à résoudre des problèmes plus profonds dans un autre cadre de référence qu'habituel-

---

3. Voir bibliographie en fin d'ouvrage.

lement. Mais il était très contrarié de voir qu'aucun problème ne surgissait, les participants étant absorbés par la joie pure et simple de la création artistique. Il en conclut qu'à cet endroit précis, au contact de leur enfant créateur, il n'y avait pas de problème ! « S'il n'y a pas de solution, c'est qu'il n'y a pas de problème », ce proverbe shadok n'est pas démenti par le monde du travail, qui n'est souvent qu'un miroir projectif de tes peurs et tes désirs. En sacrifiant quelques minutes à ta sacro-sainte logique cartésienne, tu découvres un continent de possibles non impossibles, auxquels tu n'avais simplement pas songé.

Jouir de la situation réelle

Et si tu faisais l'hypothèse que tout ce qui advient a un sens caché, pour toi ? C'est une lecture alternative de la situation. Souvent, la solution la plus évidente est celle qui te fait le plus peur, alors tu l'écartes : prendre le risque d'un conflit ouvert, renoncer au projet d'avenir que tu avais planifié, affronter un échec imprévu… Toutes ces chimères n'ont rien à voir avec ta valeur professionnelle, ta grandeur humaine, ce sont les histoires que ton mental raconte pour te rabougrir dans le costume habituel. Ne vois-tu pas que ce sont tes « préoccupations » qui t'empêchent de faire simple en allant à l'essentiel ? C'est comme une danse improvisée, le mouvement qui s'impose dans ton corps est celui qui est juste au moment présent, ne réfléchis pas et laisse-le émerger, simplement comme un sourire involontaire qui élit domicile sur ton visage.

Vois-tu où ce chapitre nous conduit ? Il n'est nul besoin de vouloir faire simple pour voir que les choses le sont. Tant que je veux que les choses ne soient pas comme elles sont, j'empêche le mouvement qui me dépasse de s'accomplir. En demeurant dans ce que certains appellent la non-dualité ou la dualité acceptée, dans le consentement absolu à la réalité, s'ouvre un « éclat de silence », pour reprendre le terme de

Daniel Morin. Ton contexte étant ce qu'il est, peux-tu maintenant t'absorber dans cette simplicité voluptueuse, ce silence au cœur du tumulte professionnel ? Le chapitre suivant nous dira ce que devient ton manque dans cet état.

Faire avec ou faire sans ?

Pense un instant à ta préoccupation professionnelle majeure actuellement : un poste convoité, une négociation financière délicate, un dossier apparemment insoluble. Retrace le fil des événements qui ont conduit à cette situation présente, le plus factuellement possible.

Quel a été le fait déclencheur de ta problématique présente ?

....

....

....

Prends conscience que cet état est révolu, ce qui a eu lieu ne peut pas se défaire. Identifie les émotions que cela suscite en toi. Prends le temps de reconnaître et d'accepter que le passé et l'avenir sont, au moment présent, hors de portée.

Qu'est-ce que signifie pour toi de faire sans ?

....

....

Qu'est-ce que signifie pour toi de faire avec ?

....

....

Que choisis-tu en conscience ?

....

....

Chaque décision professionnelle permet de simplifier la vie ou de la compliquer

La recherche de solutions n'est pas la même chose que la résolution de problèmes

Rien n'est plus difficile que de faire simple ; cela s'apprend

APPRIVOISER LA SATIÉTÉ

« *L'humain ne se manifeste pas dans l'exaltation,
mais dans la sobriété et la lucidité.* »
Hannah Arendt

VÉCU

Pour ceux qui en ont, boulot rime aujourd'hui avec trop :
des horaires élastiques, un éventail de tâches de plus en plus
large, des plus nobles ou plus ancillaires, une désorganisa-
tion croissante de l'agenda… En cause, les outils de travail
nomade, la multiplication des réunions, les réductions d'effec-
tifs… Chacun est amené à gérer son activité en solo, en étant
homme-orchestre, à la fois son propre patron, son propre
adjoint, sa propre assistante, son propre consultant ! Ce n'est
pourtant pas une fatalité. Car en y regardant de plus près, je
suis toujours un peu complice de cette situation : je me sens
plus important en travaillant avec ardeur et parfois plus que
de raison, cela nourrit mon sentiment d'exister. Ce sentiment
est un piège de l'ego, car il finit par prendre toute la place et me

persuader que l'important est de me sentir important, et non plus mon travail en tant que tel !

Est-ce parce que je suis Vierge ascendant Lion que j'ai le sentiment d'être toujours besogneux, que je dois bien faire, et que ce sera mieux fait si c'est moi qui le fais ? En économie ouverte, la quantité de travail à effectuer est illimitée, seule la vie peut stopper la machine entrepreneuriale. « *Sky is the limit* », mais le prix à payer est souvent l'épuisement. La croyance que nous sommes ce que nous faisons est un réductionnisme dangereux, si l'on en croit le schéma suivant :

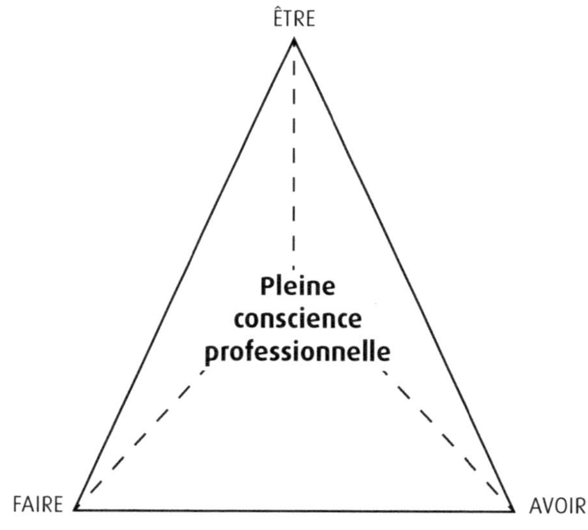

Le triangle de la satiété

Mon équilibre professionnel siège au centre de gravité de ce triangle, non dans l'alignement du segment **ÊTRE = FAIRE**. Mais qui peut dire qu'il n'a pas besoin de se sentir utile pour s'épanouir professionnellement ?

Si je me prends pour ce que je fais, je me réduis à un rôle, une fonction. Et plus j'en fais, plus j'ai le sentiment d'être quelqu'un.

Ce mécanisme est celui de l'addiction. L'ego est par nature insatiable, il voudra toujours plus de pouvoir sur notre existence. Drogué du travail, je l'ai été comme vous peut-être, grisé par cette plénitude du travail bien fait. Il y a une certaine ivresse à se sentir indispensable, tous les accros du boulot l'avoueront. Le monde des consultants est rempli de paresseux travaillomanes, de généreux insatisfaits et de maniaco-dépressifs qui s'ignorent. Parmi les névroses professionnelles, la polarité sadique/masochiste fait de bons experts et des managers calamiteux. Car les autres ne s'y trompent pas, l'hyperactivité professionnelle isole et rend dépendant à la croyance que je suis ce que je fais. Jusqu'au jour où je m'épuise, prenant conscience de ce cercle vicieux. Faut-il aller mal pour aller mieux ?

> « Pour apprendre à se sentir utile à sa juste mesure, il s'agit de mener un sevrage du travail. »

Le terme de « travail », qui décrit les contractions précédant l'accouchement, serait donc synonyme de douleur et d'effort. Cette croyance vient de loin, elle forge le « toujours plus ! » qui prône la croissance (illimitée) plutôt que le développement (durable). C'est une amère victoire sur soi que d'être efficace et épuisé, nul n'en disconvient. Le temps est-il venu d'une écologie personnelle et professionnelle ? Pour apprendre à se sentir utile à sa juste mesure, il s'agit de mener un sevrage du travail.

Un autre raccourci dangereux du triangle de la satiété est l'équivalence **AVOIR = ÊTRE**. Tout est question de dosage, comme souvent en matière de pleine conscience. Le danger du perfectionnisme est de déplacer un besoin immatériel sur une satisfaction matérielle. Or, quantité et qualité sont deux registres difficiles à concilier : lorsque je m'investis dans une masse de choses à faire, je suis difficilement en conscience des actes que je pose, « instant après instant après instant », comme dit Jon Kabat-Zinn par la voix de Bernard Giraudeau. En étant présent à ce que je fais au moment présent, je déploie un univers d'une autre densité, j'accède à une satisfaction d'une autre qualité que la jouissance de l'abattage.

Aucun besoin immatériel n'est jamais comblé par un plaisir matériel, tout juste puis-je composer avec un appel d'être en bénéficiant de gratifications concrètes. Mais cela ne signifie pas qu'il faille tout miser sur notre épanouissement immatériel. L'un des pièges du développement personnel réside précisément dans cette soif tous azimuts d'expériences intérieures. Si je cherche à multiplier les expériences de soin et de guérison intérieurs, ce ne sont pas les réponses qui manquent en l'espèce : stages, livres, rencontres avec des maîtres spirituels, je peux m'y noyer et consacrer ma vie à un vagabondage illusoire, cela reviendra à me forger un « ego spirituel », selon la belle formule de Jean-Yves Leloup. Il raconte dans son autobiographie les occasions de se croire « meilleur » parce qu'on a vécu une expérience mystique ici ou là, alors qu'en définitive on n'a fait que conforter son orgueil et son sentiment d'importance. Le risque est grand de se construire un manteau d'humilité avec toutes sortes de pratiques et de théories – y compris de pleine conscience ! – quand il s'agirait de se dépouiller encore et encore de ce Narcisse en embuscade. C'est l'idée même d'accumulation – d'autorité, de richesse, d'expérience – qui est pernicieuse, entretenant la « promesse de perfection », au sens d'Andrew Cohen : le monde du travail, comme tous les espaces projectifs, nous berce de la tentation d'arriver à un résultat, selon un processus linéaire de compétences à capitaliser au cours d'une carrière. Aucune usine, aucun produit et aucun projet ne seront jamais parfaits, en ce qu'ils participent d'une aventure humaine, faite de hauts et de bas. Je crois que rien n'est plus naïf que de chercher à saisir la sérénité, le bien-être ou la motivation dans un point fixe, et s'en emparer comme quelque chose de définitif. Dans ma pratique professionnelle, la pleine conscience disparaît dès que je cherche à en faire une vache sacrée, comme un clin d'œil qui invite à chercher l'être dans le manque à gagner…

ZOOM

Bien travailler, ce n'est pas beaucoup travailler. Es-tu prêt à expérimenter cela maintenant ?

Comment échapper au « règne de la quantité » ?

Que tu sois homme ou femme, si c'est la quantité de travail qui te guide inconsciemment, cela signifie que tu es gouverné par une conception crypto-masculine de la performance professionnelle. À cela, rien à redire, si ce n'est que cela te conduit à des comportements réflexes pour repousser les limites du possible : tu travailles plus, en temps et en intensité. Est-ce qu'en mettant plus d'énergie tu parviens toujours à tes fins ? Est-ce que la satisfaction immédiate de ces petites victoires est sans contrepartie ? Peut-être perçois-tu quelques inconvénients : tu prends à cœur plus que de raison lorsque les choses n'avancent pas assez vite ? Tu passes insensiblement de l'excitation à l'irritation puis au reproche, y compris envers toi-même ? Tu sacrifies ton temps libre, obnubilé par ce dossier à clore ?

Il est temps de cesser de te prendre pour une poule pondeuse qui met tous ses œufs dans le même panier (surtout si c'est la poule aux œufs d'or). D'une part, tu peux considérer la valeur de ton travail dans la qualité plutôt que la quantité : quand tu prends de la distance par rapport au résultat, que constates-tu ? Que tu es considérablement présent à chaque geste, à chaque mail et à chaque décision. La forme compte autant que le fond dans ton travail. Si tu prends soin d'exercer ta bonne volonté, de témoigner du plaisir même dans des actes secondaires, les autres l'apprécieront, quel que soit le résultat final…

D'autre part, tu peux choisir d'AGIR au lieu de FAIRE. La différence est subtile, mais essentielle. Si tu renonces à te comporter comme une machine, performante ou défaillante, ton travail commence à trouver un sens. Si tu renonces à l'illusion que les résultats parlent d'eux-mêmes, tu enrichis la qualité de la relation avec tes collègues ou tes clients. Donne-leur le mode d'emploi (de tes besoins, de ton agenda et même de tes aspirations), au lieu de délivrer strictement ce qui est attendu. Tu crées les conditions d'une meilleure compréhension de tes limites et des leurs.

Enfin, tu peux faire de l'imperfection une clé d'entrée au lieu d'un défaut à éliminer. Fais-en un postulat qui te rappelle ta condition humaine, en acceptant un compromis par rapport à ton objectif : comme par enchantement, c'est en cessant de te focaliser sur un objectif que tu l'atteindras ! Tu découvres alors une autorisation d'une autre nature, plus créative et moins tendue vers l'atteinte d'une cible : à cette condition, ta productivité devient une victoire personnelle et non une mise en conformité. Que feras-tu du temps dégagé en travaillant vite et bien ? Que vas-tu apprendre de ludique dans l'approfondissement d'une tâche répétitive ? Quelle gratification personnelle peux-tu t'accorder pour l'effort consenti en conscience ?

S'incarner ou s'identifier au travail ?

En mettant davantage de conscience dans ton travail, tu accèdes au mystère de l'incarnation, l'air de rien : ce qui donne du sens à ton travail est sa qualité intrinsèque, le chemin qu'il te fait vivre comme réalisation personnelle qui transcende les hauts et les bas du quotidien. Bravo !

D'un côté, tu commences à te désidentifier à ton travail, à la construction que ton mental en a faite : « job alimentaire », « carrière brillante », « galère absolue », autant de fables que tu alimentes. Quand tu te dissocies de ton travail, tu découvres que ce n'est qu'un rôle parmi d'autres, et tu es moins dupe des trophées et des tracas qu'il occasionne continuellement à ton ego. Tu es bien plus que ce tu fais, rien ne peut te priver de la conscience de cela. Débarrassé du perfectionnisme, tu peux éprouver une meilleure qualité de présence à tout ce qui t'environne : l'ironie de certains aléas, les jeux de territoires, la futilité de certaines échéances, etc. Les critiques et les louanges ont moins de prise sur toi, car le rapport à ton travail devient plus fort à tes yeux.

D'un autre côté, tu t'incarnes plus dans la réalisation de ton travail. En changeant ainsi ton regard, c'est moins un labeur qu'une œuvre en construction. Regarde attentivement les griefs et les freins que tu as pour te sentir pleinement satisfait dans ton travail : en général, ce sont des projections dans l'avenir. Or, comme l'enseigne Eckhart Tolle, la croyance qu'il manque quelque chose pour être pleinement satisfait à l'instant présent est purement chimérique : demain ne sera pas différent d'aujourd'hui dans ta faculté de confiance en la vie. En arrêtant de penser pour agir ici maintenant, tu fais une belle entrée en matière, au sens propre comme au figuré : tu t'absorbes complètement dans un monde intérieur, comme un enfant se concentre sur son jeu. En d'autres termes, tu deviens l'artisan de ta vie professionnelle, tu pétris la matière de ton être au monde. Cette volupté n'est-elle pas à son tour dévorante ?

S'accorder des cases vides

Le creux et le plein, ainsi pourrait se résumer la pleine conscience professionnelle : accueillir le sac et le ressac des moments de manque et de plénitude, sans chercher à faire durer les uns ou écourter les autres. Tu trouves cela évident ? En effet, il s'agit bien de faire le plein de vide. Que tu sois dans un mode intensif ou extensif, passionné ou multitâches, tu perds le contact avec l'essentiel quand tu plonges à corps perdu dans l'objet apparent de ton travail. Tu peux densifier les moments de vide en profitant des temps morts qui sont, en fait, des temps de vie à ta disposition : au lieu de pester contre un report calendaire ou une déconvenue financière, tu peux accueillir le travail buissonnier, t'octroyer des bulles de sens, pour marcher, regarder, respirer hors de la matrice. Cette liberté intérieure est possible à chaque instant, en débranchant la pensée réflexe qui te fait vivre le complexe du hamster, qui court tant que la roue tourne. Quand as-tu annulé un rendez-vous important pour la dernière fois ? Quand as-tu demandé un délai pour un délivrable ? Quand as-tu pris un jour de congé pour ton plaisir ?

Que tu sois salarié ou indépendant, du secteur privé ou fonctionnaire, tu as le pouvoir de dire stop au stakhanovisme à tout instant. Quel est le risque ? Comment savoir si cet arrêt recèle des trésors inattendus, des regrets à revisiter et des pauses salutaires ? Voyons au chapitre suivant si cela te permet de découvrir ta vocation.

Être ou avoir ?

En t'installant confortablement dans un fauteuil, prends un temps sans être dérangé(e). En conscience du moment présent que tu t'offres, trace une ligne verticale sur une feuille de papier, délimitant deux colonnes. Dans la partie gauche, inscris tout ce que tu associes spontanément à « AVOIR », en songeant à ton contexte professionnel actuel. Dans la colonne de droite, note tout ce qui te vient à l'esprit en lien avec « ÊTRE ».

Quel est ton ressenti dominant quant à la colonne « AVOIR » ? Et à la colonne « ÊTRE » ?

. . . .

. . . .

Dans quelle colonne as-tu noté le plus de choses ? As-tu le sentiment qu'une colonne compense l'autre ? Pourquoi ?

. . . .

. . . .

Peux-tu choisir un ingrédient positif dans chaque colonne de ta vie professionnelle ? Que vas-tu faire pour l'alimenter dès aujourd'hui ?

. . . .

. . . .

Le management est une science de l'accommodement, non de la perfection

Aucune satisfaction matérielle ne peut combler un besoin immatériel

Dompter son ambition ouvre de nouveaux territoires de réalisation

ENTENDRE SA VOCATION

« Tout résonne. »
Rainer Maria Rilke

VÉCU

Et si nous avions tous une vocation professionnelle ? Cette question semble presque anachronique si l'on met en balance nos rêves d'enfant, nos études secondaires et l'emploi effectif que l'on occupe. Les aléas de la vie, les errements de jeunesse et l'évolution rapide de l'économie ont bon dos pour justifier cette amère réalité : la plupart d'entre nous ont abandonné en route toute idée de vocation. À force de croiser des hommes et des femmes qui vivent cette adaptation comme un renoncement, et ce renoncement comme un arrachement à quelque chose d'essentiel enfoui en eux-mêmes, j'ai prêté l'oreille à cette nostalgie d'un travail qui fut pleinement choisi. Conclusion : cette érosion de notre vocation profonde n'est pas une fatalité !

« Tu la voyais pas comme ça, ta vie… », le *Bagad de Lann-Bihoué* d'Alain Souchon a bercé ma jeunesse, comme une mise en garde contre l'inertie et la conformité des vies trop bien rangées. La gestion de carrière est comme un aiguillage de chemins de fer : le choix des bons rails est capital. Mais le marché du travail veut des spécialistes plutôt que des généralistes, des pragmatiques plutôt que des rêveurs, et arrive le moment où les rails sur lesquels on est engagé ne nous mènent pas là où l'on désirait, où la bifurcation devient impossible, et l'arrêt fatal. D'où la posture opportuniste qui fut la mienne et celle de tant d'autres : faire une classe préparatoire pour repousser l'échéance du choix professionnel, puis une école de commerce pour avoir un visa pour l'entreprise, puis un métier de consultant pour garder un large éventail de possibles. Il s'en est fallu de peu que je me perde en route. Car l'épanouissement professionnel est bien plus paradoxal que l'équivalence motivation interne = reconnaissance externe. Que l'on soit salarié, artisan, profession libérale ou artiste, il y a toujours un écart entre ce qui nous anime et ce pour quoi l'on est payé. Entendre sa vocation, ce n'est pas effacer cet écart mais l'assumer, se laisser interpeller par lui et tenir le fragile équilibre entre ses aspirations et son existence faciale. Personne ne se résume à sa carte de visite.

> « Tous les cyniques sont des idéalistes déçus : il ne faut pas grand-chose pour raviver la flamme. »

Il y a cependant une certaine facilité à se complaire dans ce désenchantement professionnel : j'ai rencontré des dirigeants devenus carriéristes faute d'avoir su ouvrir la boîte de Pandore de leur vocation. L'aigreur professionnelle naît à mesure que je me coupe du rêve de départ au nom du confort immédiat. Je crois aujourd'hui que tous les cyniques sont des idéalistes déçus : il ne faut pas grand-chose pour qu'ils retrouvent la flamme, une écoute inconditionnelle et une foi tenace dans le souffle créateur qu'ils portent en eux. Les rêves d'enfance sont toujours présents derrière la façade des carrières apparemment linéaires et mornes. La vocation procède de l'intérieur, c'est littéralement une voix qui nous appelle vers le plus singulier, le plus simple de nous-mêmes : on est loin d'un idéal grandiose et nécessairement valorisant socialement. Personnellement, j'ai toujours préféré m'imprégner de la vie plutôt que de m'y jeter, bercé par le bruit ambiant, fasciné par l'agitation du monde. Écouter m'était aussi évident que respirer et pleurer, beaucoup plus que parler ou rire. J'aime l'idée que j'aurais pu faire d'autres métiers, mais que ma profession aurait toujours été la même : j'ai la vocation d'une éponge. Peut-être avons-nous plusieurs voies possibles à partir d'une seule voix originelle ?

En nommant sans complexes nos appels d'être, méfions-nous des chromos du travail. Parler de vocation au singulier peut être angoissant, notamment pour les jeunes à qui l'on demande de se prononcer de plus en plus tôt sur leur orientation scolaire. Le choix des études devient un casse-tête pour les enfants qui n'ont pas exprimé de vocation claire. Le monde du travail ne se divise pas entre ceux qui exercent leur vocation dans l'allégresse d'un côté, et ceux qui s'ennuient dans un métier standard de l'autre. Ce n'est pas parce que l'on fait serment à quatre ans de devenir pompier ou institutrice que l'on s'y épanouira ultérieurement, mais peu l'avouent ; inversement, c'est parfois au fil des jobs alimentaires ou de parcours trop sages que l'on croise un événement déterminant, au gré d'une rencontre qui va nous révéler notre raison d'agir. Faire des études de médecine n'était pas ma vocation, accompagner la guérison intérieure l'était assurément : en renonçant à être médecin, j'ai approfondi ce qui m'attirait par-delà le statut et la pression d'une carrière tracée. Inconsciemment, ai-je fait une thèse de doctorat pour être quand même « docteur » ? Notre motivation réside dans la qualité de notre investissement professionnel, au-delà de la forme qu'il prend dans un environnement économique donné. L'impression de formation continue (« chaque jour, j'apprends quelque chose »), de réalisation personnelle (« je suis comblé ») et de plaisir communicatif (« les autres en redemandent ») sont de bons critères pour cerner sa vocation, par-delà le contenu du travail lui-même. Quel étrange jeu de pistes me conduit *a priori* sur la piste de ce que je nommerai peut-être ma vocation *a posteriori* ?

La question de la vocation se situe quelque part entre le point d'interrogation et le point d'exclamation. Elle s'écrit en points de suspension, une invitation insistante à entendre sa voix intérieure, à chercher inlassablement une plénitude et une cohérence jamais acquises. L'enseigne professionnelle est accessoire, c'est le chemin que cela nous fait parcourir qui est initiatique. Il nous dépouille des fausses bonnes raisons de se figer professionnellement : par mimétisme, par névrose de classe, par reproduction familiale, par bravade aussi. Loin de la passion de jeunesse et de la promesse d'ivrogne, la vocation suppose d'attiser en soi le feu sacré, de prendre le risque de s'accomplir. L'équilibre de vie professionnelle/personnelle est souvent une position de repli en attendant un « meilleur avenir », un cache-misère de l'échec personnel que l'on tente de compenser par le professionnel, ou l'inverse. Notre vocation ne souffre pas de motivation tiède, c'est un plat qui se mange chaud, certes à cuisson lente. Comme toute initiation, elle a sa part de mystère, de souffrance et de lucidité avec soi-même. Au regard de son talent gâché, j'ai passé dix ans à dire à ma femme mon mépris de son environnement de travail, qu'elle subissait sans oser en changer. D'abord vexée, elle cessa un jour de faire la sourde oreille et s'arma de confiance pour changer radicalement d'univers professionnel, à l'écoute de ses passions. « Marche à l'étoile, surtout si elle est haute », disait Alexandra David-Neel. Comment suivre sa bonne étoile ?

ZOOM

En finir avec l'« aquoibonisme »

La vie professionnelle est un jeu de pistes. Le plus souvent, on le fait dans un état léthargique, endormi par le confort et la peur de tomber du train en marche. Es-tu prêt à t'éveiller à ta vocation ?

Commence par écouter ta circonspection envers la notion de vocation. Ton doute est porteur de liberté intérieure si tu ne le dégrades pas en amertume. Tu peux faire confiance à ton doute pour te guider vers une réalisation plus intense. Tu peux regarder ton activité présente avec lucidité, et t'intérioriser pour saisir ce qui te sépare d'un état de plénitude professionnelle. Vois-tu qu'il aurait suffi de pas grand-chose pour que les choses fussent différentes ? Tu vas croiser des émotions de tristesse, de regret et peut-être de colère : accueille-les simplement, comme des étapes sur ton chemin de pleine conscience. Maintenant, je te propose de percevoir deux aspects de ta personnalité : l'un est ton mauvais génie, appelons-le l'Aquoiboniste. Tu le connais bien, il imagine toujours le pire et se résigne avant même d'avoir tenté quoi que ce soit. L'autre facette est l'Inaccompli en toi, tapi dans l'ombre de tes succès et tes échecs professionnels, qui est comme une petite flamme perpétuelle d'une réalisation plus profonde. Il ne demande qu'une chose : être entendu par ton Aquoiboniste. Comment faire ?

D'une part, tu peux voir le sabotage à l'œuvre dans l'habitude du « à quoi bon ? ». Remets les compteurs à zéro dans le regard que tu portes sur ton activité, tu découvriras des ressources prometteuses de mouvement, de jeu et de vitalité inespérée.

D'autre part, tu peux te rappeler des épisodes de plénitude, et voir ce qui était à l'œuvre : étais-tu dans l'effort ? Dans la routine ? Dans la méfiance ? Je suis sûr que non ! Il ne tient qu'à toi de réinvestir ce souvenir, de le convoquer intérieurement autant de fois que nécessaire pour basculer dans une plus grande vérité quant à tes talents enfouis. Ces instants sont comme des éclats d'une lumière bien plus grande qu'à l'accoutumée pour exercer ton rôle professionnel : certains l'appellent la Fluidité, c'est-à-dire l'efficacité alliée à la sérénité. Ces moments de vérité sont des portes vers ta vocation, prends-en soin.

Enfin, tu peux commencer à sanctuariser ton agenda. Certaines plages sont propices à ce que tu donnes le meilleur de toi-même, ne les gâche pas. Parfois, ce sont deux minutes d'une journée qui donnent un sens aux huit heures restantes. Tu peux découvrir le trésor dont tu es porteur en commençant par lui faire une place de choix dans ta vie : à qui donnes-tu le pouvoir d'annuler un rendez-vous sacré (ton récital de chant lyrique, ton intervention auprès des jeunes embauchés, ton dîner en famille) ? Quelle partie de toi malmènes-tu quand tu laisses les autres remplir ton agenda à ta place ? Quel engagement prends-tu pour agrandir le temps dédié à ce qui t'exalte le plus dans ton travail (l'enseignement, une fonction élective, un café pris avec l'équipe) ?

Entendre ses voix

Ta vocation t'est tombée dessus à l'improviste, comment t'en saisir ? Apprends à écouter ta voix intérieure : une émotion, une réaction somatique en disent long sur la torsion que tu imposes parfois à ta vocation. En identifiant les signes positifs ou négatifs de ton appel d'être, ta carrière ne se résumera plus à un calcul d'optimisation, tu suivras aussi plus fermement ton mouvement intérieur.

Peut-être as-tu l'impression d'une grande stabilité dans ton action, sans points saillants auxquels s'accrocher. Tu peux alors te lancer dans un jeu de pistes rétrospectif et trouver les indices de ta vocation : quels sont les gestes que tu as aimé accomplir ? Quels sont les moments mémorables de ta réussite personnelle, et qu'as-tu dit, pensé, fait qui concourt à cette plénitude ? Quelles personnes t'ont alors dissuadé ou encouragé dans une voie ? Que te diraient-elles à présent ? La vie professionnelle est constellée de signes et de chausse-trappes, de rencontres providentielles et d'actes manqués, pour qui sait s'y attarder.

Et si tout cela te laisse de marbre, pour entendre ta petite musique interne, je te propose une formule magique que m'enseigna un jour un étudiant : la sérendipité. C'est la place que tu laisses à l'inattendu pour te surprendre, elle consiste à renoncer à ton objet de convoitise pour trouver autre chose de plus précieux encore. Appelle cela le hasard, la chance ou la main de Dieu, qu'importe. En renonçant à contrôler ton destin professionnel, tu fais de la place pour que ta vocation s'y épanouisse : cultive l'émerveillement à côté de l'expertise, privilégie la nouveauté par rapport à l'habitude, accueille l'inattendu comme une irruption de la vie dans une mécanique trop bien huilée. Qui sait si cette tâche apparemment fastidieuse et accessoire ne recèle pas la pépite de ta prochaine vie ? Qui sait si cette visite importune n'est pas celle de ton futur associé ? Qui sait si ce client difficile aujourd'hui te proposera demain le job de tes rêves ?

Se consacrer à son travail

Tu l'as compris, tu peux maintenant envisager ton travail comme un parcours initiatique à la rencontre de ta vocation – pas seulement professionnelle, mais d'être au monde. Ce voyage te tente-t-il ? Tu t'interroges désormais sur le paquetage utile pour laisser ce sens profond se révéler au gré des épreuves du quotidien.

Primo, ta vocation surgit dans un souffle créateur, que l'on nomme l'enthousiasme. C'est comme une ivresse où le temps et l'espace s'estompent, une créativité évidente au service de ton action, une occasion de rencontrer plus intensément les personnes qui t'entourent. Ces moments de pleine conscience sont d'autant plus fréquents que tu te rapproches du cœur de ta motivation profonde : tu n'as pas le pouvoir de les faire apparaître ni disparaître, juste les reconnaître pleinement quand ils surgissent. Quand l'événement d'un séminaire, d'une réunion de projet ou d'une signature de contrat se transforme en un « avènement » plus intérieur, tu es au contact de cet enthousiasme.

Secundo, ta vocation s'exprime lorsque tu es fidèle à ce qui t'anime secrètement. Pour certains c'est une énergie d'amour inconditionnel, pour d'autres de connexion à tout ce qui vit, pour d'autres encore un plaisir esthétique, ou encore une sensation intense de joie – à toi de découvrir ta profession de foi. Peux-tu repérer cet alignement intérieur entre tes croyances, tes actes et tes discours ? Dans quelles activités perçois-tu que tu trahis le moins ce centre de gravité constitutif de ton être ? Comment peux-tu t'y adonner en conscience ?

Tertio, tu peux oser être travailleur clandestin. Puisque la vocation professionnelle est comme l'amour de soi, « le chemin le moins fréquenté », tu es face à toi-même dans une voie sans retour possible : en marge d'une activité professionnelle ennuyeuse, tu peux cultiver secrètement tes violons d'Ingres qui grandiront peu à peu et finiront par occuper tout ton quotidien professionnel. Le métier de cadre administratif exercé par Fernando Pessoa l'a-t-il empêché ou lui a-t-il permis d'écrire les pages les plus poétiques du *Livre de l'intranquillité* ? En creusant un tunnel entre toi et ta vocation professionnelle, tu crées un territoire récréatif et libre à la marge de ton rôle institutionnel. Tu inventes ta liberté en t'y soumettant. « J'ai mis devant toi la vie et la mort, la bénédiction et la malédiction. Choisis la vie afin que tu vives, toi et ta descendance ! » (*La Bible*, Deutéronome, 30-19). Auras-tu le discernement pour choisir ta vocation ?

Choisir d'être le héros du conte

Si l'entreprise m'était contée, serait-elle plutôt un conte de fées ou une chanson épique ? Voici un florilège de contes en référence à la vie professionnelle. Ils correspondent empiriquement aux situations les plus récurrentes des trajectoires professionnelles actuelles : selon que tu es sédentaire ou nomade dans ton travail, que tu fais un métier immatériel ou dont le produit est tangible, laisse-toi porter par le registre symbolique qui t'est le plus proche parmi les cinq univers fabuleux suivants.

Les Trois Petits Cochons *: tu es animé par un besoin de sécurité matérielle, partagé entre une solidarité forte avec tes pairs et un esprit de compétition créé par les conditions d'exercice de ta profession. Ta peur du loup est aussi un moteur utile, mais fatigant...*

Le Chat botté *: tu valorises l'intelligence de situation, ton opportunisme passe pour du cynisme aux yeux de ceux qui envient ta carrière hédoniste, tu sais dans ton for intérieur que ton sens politique, ton inventivité et ton flair sont le fruit d'une pensée créatrice dont tu es fier. Tu ne dois ta réussite qu'à ton intuition et ton goût du risque...*

Cendrillon *: tu rêves d'un travail plus épanouissant, malgré des handicaps certains — études courtes, secteur sinistré, management déprimant —, tu as fait fructifier quelques contacts providentiels, te voilà désormais détenteur d'un statut enviable, d'une situation économique confortable. Mais le syndrome d'imposture te guette : les autres vont-ils découvrir que ta compétence immatérielle repose sur un manque de confiance en toi ?...*

Peter Pan *: tu as choisi cette voie professionnelle par défaut, pour différer le plus longtemps possible le moment d'entrée dans la vie active. Tu te voyais artiste, te voilà dilettante aux yeux du monde. Tes regrets sont immenses, ton enfant intérieur se désole de l'ennui de la vie professionnelle, et ta passion réside dans un jardin secret qui n'a pas grand-chose à voir avec ton travail, strictement alimentaire pour l'instant...*

La Bergère et le Ramoneur *: tu es partagé entre le désir d'ascension sociale et la fibre poète qui sourd en toi. Te jugeant souvent sévèrement, tu méprises les courtisans et recherches en même temps l'affection de tes collègues, en vain. Ton image publique ne correspond pas à celle que tu as de toi-même. Tu attends une occasion entrepreneuriale pour changer de vie, mais oseras-tu t'y risquer ?...*

Quelle histoire te touche le plus ? Pourquoi ?

....

....

Quel dénouement aimerais-tu écrire plus tard dans ta carrière professionnelle ?

....

....

On est rarement motivé profondément par ce pour quoi l'on est payé

L'écoute contient les clés de l'affirmation de sa vocation

La vocation est une énigme à résoudre, non pas une certitude de départ

DÉCIDER EN EXERÇANT SON DISCERNEMENT

« La lucidité est la blessure la plus proche du soleil. »
René Char

VÉCU

Sommes-nous des décideurs ? Pris dans la chaîne implacable de multiples actes qui nous dépassent, nous sommes conduits à des options binaires, partielles et partiales : faut-il dire oui ou non à cette demande qui sort du cahier des charges ? Faut-il mettre Untel dans la liste des destinataires ? Faut-il choisir ce prestataire ou cet autre ?

Réduits à ces mornes alternatives, nos choix professionnels sont des ajustements automatiques à notre environnement selon des programmes qui réduisent l'incertitude à peau de chagrin – c'est-à-dire au facteur humain. Dans cet univers digne de *Brazil*, quel libre arbitre nous reste-t-il ? Dépourvus de leviers objectifs, s'ouvre à nous un processus intérieur beaucoup plus profond : consentir ou non à notre destin.

Comme disait Coluche, « tu n'as pas le choix, tu n'as que l'embarras ». Jeune consultant, j'ai connu cette sensation d'anéantissement sur des missions où je me retrouvais contraint d'exécuter des tâches sans aucune influence sur le cours des choses. Au fil des jours, cela minait ma confiance et décourageait toute initiative. Mais j'avais beau dire, il me restait en définitive toujours un pouvoir de décision, sur la façon de vivre mes journées de travail. Une heure passait vite ou lentement selon la conscience que je déployais dans de petites choses insignifiantes : la perspective d'un moment convivial à la cafétéria, un sourire glané ici ou là dans un couloir, un moment de grâce découvert au cœur d'un geste professionnel routinier, etc. Décider de vivre en pleine conscience certains instants magiques m'a été salutaire face à des missions ennuyeuses à mourir. C'est un choix poétique : chacun crée un monde de beauté et de paix avec sa faculté d'enchantement du réel, même dans des situations pénibles ou banales.

C'est notre mental qui nous piège constamment avec l'illusion de décider sur des critères rationnels. Le travail est un formidable théâtre d'ombres, un écran sur lequel nous projetons nos fantasmes, nous rejouons nos blessures et nous nous identifions à nos pensées.

Pour décider en conscience, on peut réfléchir non pas avec sa tête mais avec son cœur, avec ses genoux.

Réfléchir avec son cœur, c'est regarder en soi à quoi la situation nous renvoie, par un effet miroir du destin. Au lieu de culpabiliser, dans mon for intérieur, j'ai un bénéfice à vivre l'expérience présente – aussi frustrante ou décevante soit-elle. Cela me conduit à contacter une voix que je n'écouterais pas si mon cerveau gouvernait seul ma carrière. Chaque moment professionnel me donne l'occasion d'explorer des territoires émotionnels et d'affiner mes besoins réels : argent, cadre de travail, stimulation intellectuelle, risque, créativité, etc. Le travail est un entraînement permanent au choix conscient, au prix des larmes et des nerfs, il est vrai. Mais c'est un terrain de jeu plus inoffensif que la guerre, la famille ou la maladie.

S'exercer, c'est tendre sa volonté comme un arc, se discipliner à voir clair derrière le flou, vivre ses choix majeurs comme une ascèse.

Réfléchir avec ses genoux, se mettre à « je-nous », c'est voir l'impasse de l'ego et s'ouvrir à ce qui le dépasse. J'aime le terme d'« impasserelle » qu'emploie Bernadette Babault pour décrire ce choix humble. Derrière la colère ou l'abattement, il y a un mouvement intérieur auquel nous sommes amenés à consentir, progressivement. Mes meilleures décisions professionnelles ont toujours été consécutives à des effondrements de la volonté, de lâcher-prise à force d'épuisement du sens. Lorsque j'ai renoncé à préparer mon doctorat dans la foulée du DEA, j'ai consenti à sortir de ma bulle de chercheur pour entrer dans le monde du conseil. Lorsque j'ai abandonné l'idée de filialiser mon activité au sein d'un ancien cabinet a pu émerger l'idée de m'associer pour fonder mon propre cabinet de coaching. Une décision qui nous coûte en apparence à un instant donné peut se révéler miraculeuse à l'instant suivant.

> « On décide en conscience non pas avec sa tête, mais avec son cœur et ses genoux. »

Et si c'était une bonne nouvelle de laisser la décision se prendre ? Débarrassé de la peur de faire le mauvais choix, installé dans la pleine conscience, j'ai un socle de décision : tout ce qui advient à l'instant présent est juste, puisque cela est ; dans cet espace précis, le reste est pure conjecture. Face à une proposition de poste, un projet de déménagement familial, ou une opportunité de création d'entreprise, il m'est possible d'écouter la vibration intérieure que cette perspective suscite en moi, et choisir de l'accompagner au lieu de la créer de toutes pièces. Notre chemin professionnel écrit à chaque instant notre destination de carrière, c'est pour cela que nos objectifs ne peuvent être gravés dans le marbre. Choisir de s'abandonner à son destin est un paradoxe dynamique et riche de sens. Derrière les apparences, mon choix ne se résume jamais à une question d'argent, ni à une question de pouvoir : il s'y joue des moments de vérité plus subtils. Plutôt que de renoncement, la tradition mystique rhénane de Maître Eckhart invite au détachement, voire au non-attachement : quand je perçois pour chimériques les scénarios sophistiqués que j'échafaudais mentalement, la question ne se pose plus, elle devient évidence, et la décision SE prend, immédiatement : ici, ce poste délicat me permet de réparer sur un plan caché d'anciennes blessures ; là, ce refus d'un *package* mirifique me fait lâcher ma peur de manquer ; là encore, cette mobilité géographique me renvoie à ma solitude profonde… Quoi qu'il advienne, en pratiquant la pleine conscience, je ne peux pas ne pas décider : sur un plan plus vaste que ma stricte volonté, les choses se font et se défont en permanence, au service de mon initiation à la vie (professionnelle).

ZOOM

Une chasse au trésor dans le rétroviseur

Te voici face à un choix crucial de ta vie professionnelle. Tu aimerais bien que cela ne soit pas arrivé, ou être déjà soulagé une fois la décision prise, n'est-ce pas ? Prends un peu de distance, respire profondément. Tu constates sans doute que ce n'est pas le choix lui-même qui est difficile, au fond tu vivras bien avec l'une ou l'autre option, mais un jugement te taraude : avoir tort ou avoir raison, être égoïste ou pas, faire preuve de courage ou pas, autant de pensées parasites qui t'assaillent. Commence donc par cesser de te juger et de te comparer (nous y reviendrons aux chapitres 8 et 12), installe-toi dans ta confiance en quelque chose d'à la fois plus large et plus humble que toi, disons ta bonne étoile.

Je te propose d'exercer ton anamnèse : rappelle-toi toutes les fois où tu as été face à un choix cornélien. Rapatrie les souvenirs du stress précédant le choix, des personnes de bon ou mauvais conseil que tu as sollicitées, et l'arrière-goût que cela t'a laissé. Tu sais prendre de telles décisions, et tu as survécu aux bons comme aux mauvais choix. Puis tu découvres que ton prisme est déformé quand tu jauges la situation de trop près. Alors prenons le large ! Tu peux capituler avec ta tête et récapituler avec ton cœur les trésors de tes choix passés. Ils t'appartiennent, que tu nourrisses de la fierté ou des regrets à leur encontre. Ils ont contribué à dessiner ton parcours professionnel. Il y a eu des écueils et des errements, peut-être des moments de gloire et d'exaltation, mais desquels as-tu tiré le plus d'enseignements ? Lesquels t'ont forgé une discipline intérieure que tu nommes peut-être ton leadership ? Tu peux vivre intensément ce moment décisif, sans pour autant y mettre du stress. Le processus de choix conscient te transforme tandis que tu l'empruntes, consens pleinement à cela !

Choisir de laisser être

Au-delà de l'inconfort intellectuel de cette indécision, je t'invite à voir ton choix actuel comme l'un des points numérotés que tu reliais étant enfant pour faire apparaître une figure d'ensemble. Chaque micro-décision compte, elle engage la suivante. Si tu mets ta conscience dans les petites décisions – choisir un vêtement ce matin, répondre à ce mail embarrassant… – le *big picture* apparaît : certaines petites décisions peuvent changer radicalement ta vie professionnelle. Il suffit d'être présent à ce qui t'environne pour que les signes se mettent à apparaître. Cher lecteur, tu es porteur d'une énigme pour toi-même, que des éclairs de sens peuvent élucider comme une charade. Est-ce une rationalisation *a posteriori*, une superstition douteuse ? Et si les choix majeurs qui t'ont conduit à faire ce que tu fais et être qui tu es aujourd'hui n'étaient pas le fruit du hasard, mais avaient leur logique propre ? Guidé par ta bonne étoile, tu exerces ton discernement sur le cas présent avec les cinq questions suivantes :

- *Quel est ton mouvement spontané, à l'instant présent ?*

- *Ôte toute précipitation : qu'advient-il de ton choix de principe ?*

- *Quelle est ton intuition quant à l'issue de l'affaire qui t'occupe ?*

- *Sois persévérant dans ce qui t'est le plus essentiel : quelle option s'impose à toi ?*

- *Si la situation s'enlisait ou s'envenimait soudain, que choisirais-tu sans hésiter ?*

Il faut croire que ton mouvement spontané est toujours juste, pour autant que tu écoutes la vibration la plus profonde qui s'exprime en toi : chaque décision prise dans ton travail, aussi dérisoire soit-elle, t'offre l'occasion de t'en rapprocher et de l'honorer pleinement : être au service d'autrui, prospérer, vivre de plaisir, apporter de la paix à ton entourage, gouverner de grandes choses… Qui sait quel sillon vital tu es en train de creuser ?

Soigner son équanimité

Tu perçois à présent qu'un choix peut en cacher un autre. La tension créatrice entre les options qui se présentaient te met maintenant dans un autre état de conscience : une question éthique, ou un choix de vie plus fondamental s'offre à toi. Comment veux-tu l'adresser ?

D'une part, tu peux choisir d'inclure au lieu d'exclure. Croire que tu peux faire disparaître quelque chose ou quelqu'un de la réalité présente est pure illusion. En embrassant plus largement les termes de ta problématique professionnelle, tu fais un avec elle, et tu distingues davantage les vrais problèmes des faux : l'éloignement géographique, un collègue hostile, un patron lâche, le contenu du job, la pression qui t'environne… Qu'est-ce qui t'importe *vraiment* ? Tu ne renonces à rien, mais tu choisis de te concentrer sur l'essentiel et, pour le reste, de vivre avec. Quand tu dis ET plutôt que OU, tu fais le vœu que deux solutions apparemment antagoniques coexistent, et il n'est pas impossible que l'univers t'entende : n'as-tu jamais vu ces situations inextricables se résoudre comme par enchantement ? Au-delà des accommodements avec la réalité présente, tu peux aussi découvrir ce qu'elle recèle de bonnes surprises, par une disposition d'esprit favorable à tout ce qui vient.

D'autre part, tu peux jouir de ta liberté intérieure avant de l'exercer. Plus tu connais ta motivation intrinsèque, plus tu sauras déceler ce qui l'entrave. Tu cesses d'être complice de situations bancales du genre : « tant que mon mari est dans une situation professionnelle instable, je ne peux pas me permettre de… », « dès que j'aurai le moral, je chercherai un travail plus satisfaisant », « ça va s'arranger dans un an ou deux »… Ton seul cadre de choix conscient est ici, maintenant, saisis-le ! Dire oui ou non peut s'avérer jubilatoire si tu es aligné avec toi-même, comme dans les romans de Douglas Kennedy où les personnages profitent d'épisodes rocambolesques pour entrer dans leur vie.

Enfin, tu peux cultiver ton équanimité. C'est un vieux mot de morale grecque, à peu près synonyme d'ataraxie ou d'euthymie selon les auteurs. Au lieu d'une décision tranchante et métallique, tu t'abandonnes à un choix où ton humeur reste égale face aux remous du quotidien professionnel. Fidèle à toi-même, ancré dans la conscience de l'impermanence de l'existence professionnelle, tu es plus fort parce que plus conscient de tes doutes et de tes certitudes (temporaires). Face à la violence professionnelle, tu es moins dupe, moins pusillanime aussi. Tu te prends de moins en moins pour un rôle, tu t'incarnes de plus en plus dans ta vie.

Choisir son archétype professionnel

Porte un regard sur le secteur dans lequel tu travailles : contrairement aux apparences, ce n'est pas fortuit. Au-delà de ta compétence technique, il y a un lien mystérieux entre l'univers dans lequel tu passes huit heures par jour et les clés de ton cheminement personnel. Et au fil des ans, tu subis une déformation professionnelle, si bien que tu ne sais plus qui de ta personnalité ou de ton environnement de travail a coloré l'autre. Voici sept archétypes empiriques, parcours-les sans jugement hâtif.

__L'Ordinateur__ : dans un secteur immatériel, environné par les chiffres, il oscille entre la peur du néant et l'ivresse du service rendu : un projet de système d'informations, un PNB bancaire ou un en-cours d'assurances sont son ressort, son stimulus.

__L'Icône__ : dans un secteur où la marque compte, habité par l'apparence extérieure, elle cherche à fabriquer de beaux produits : un cosmétique révolutionnaire, un objet de luxe pour tous. Elle reproduit des moments uniques, en quête d'absolu pour conjurer la mort.

__La Main__ : dans une industrie de main-d'œuvre, elle croit à l'exécution concrète et matérielle. Souvent issue du cru, elle vit son métier sur le terrain, chantier ou magasin, dans une réalité humaine souvent collective et prosaïque.

__Le Cerveau__ : dans un secteur réputé noble, il valorise les idées et leur déclinaison en objets d'art et de culture. Les rapports humains sont violents ou neutres, mais ils comptent peu au regard des polémiques et des convictions farouches.

__Le Demi-dieu__ : perçu comme brillant intellectuellement, il est animé par un désir de changer le monde, ou tout au moins de le gouverner. Habitué à manipuler du pouvoir, il valorise la quantité de travail et cache ses failles derrière une exigence extrême.

__La Valise__ : expatriée pour s'inventer une vie de rêve ou technico-commercial pour savourer la volupté de la fuite, elle navigue en orbite par son statut économique. Elle est nomade par rapport à l'entreprise, en quête d'un port d'attache.

Le Mutant : *dans un secteur innovant, à forte charge affective et symbolique, il travaille avec les nouveaux réseaux sociaux, est entreprenant et craint plus que tout le syndrome d'imposture.*

À quel profil t'identifies-tu spontanément ? Comment le discernes-tu ?

....

....

Quel archétype t'est le plus éloigné aujourd'hui ? Quand l'as-tu su ?

....

....

Quelle réflexion cela suscite-t-il quant à ta carrière actuelle ?

....

....

Exercer son libre arbitre n'empêche pas de consentir à son destin

Chaque jour permet de faire des dizaines de choix, en conscience ou pas

Le discernement s'entraîne par une attention à tout ce qui advient

FAIRE DE SON CORPS UN ALLIÉ FACE AU STRESS

VÉCU

À l'image du bonheur, nous prenons conscience de notre santé lorsque celle-ci défaille. Associée à la maladie, la santé professionnelle n'échappe pas à cet anathème : tant qu'une pathologie ne se manifeste pas, on ne parle pas de santé des collaborateurs. Cette vision négative de la santé est non seulement archaïque, elle est aussi fatale pour notre développement. Car être performant, c'est être bien portant.

Le travail est aujourd'hui perçu comme une source de stress, voire d'« usure mentale » pour certains. Dernier argument d'une querelle ancienne sur l'aliénation au travail, la maladie professionnelle est cantonnée à un indicateur de gestion des ressources humaines. Faut-il se réjouir de la vogue des risques

"

psychosociaux (RPS), qui psychologisent à outrance la santé au travail, présentent les salariés comme des victimes potentielles et sous-traitent la prise en charge du stress managérial à un service après-vente aseptisé et moralement correct ? Au nom des sacro-saints « RPS », la culpabilité et le principe de précaution ont remplacé la pénibilité et le risque dans notre rapport au travail. « Pourvu que je ne tombe pas malade » est-ce l'ultime prière de nos vies professionnelles ?

D'une part, le corps ne se manifeste pas que dans la souffrance. Il est vrai que le travail met la plupart d'entre nous dans une mécanique de fonctionnement, et que je vois beaucoup d'hommes et de femmes qui vont très mal en entreprise : certains ont anesthésié leurs émotions pour ne plus souffrir, d'autres sont continuellement souffrants et font symptôme de tout un système pathogène, d'autres encore se jettent à corps perdu dans le travail, une conduite à risque fréquente chez les hauts dirigeants. Or, je ne crois pas que la tendance suicidaire soit un prérequis pour devenir un leader. Le corps est le véhicule de la réussite professionnelle, il nous faut le ménager et l'entretenir bien avant qu'il donne des signes de dysfonctionnement. À côté des dopants de la santé – sport, plages de repos fixe, check-up chics et soins intensifs –, le corps est une voie d'accès à une expérience plus vaste de la vie, il appelle une santé globale, à l'appui d'une médecine énergétique qui n'est pas étrangère à la notion de pleine conscience.

Chacun de nos organes « pense », vit et communique, faisant de notre corps un formidable réservoir de connaissance. Qui n'a jamais senti physiquement l'énergie positive ou négative d'un lieu ou d'une personne, sans pouvoir la raisonner ? Qui n'a jamais perçu par le toucher ou le regard ce que le discours ne dit pas ? Apprendre l'intelligence du corps ne se résume pas aux recettes de *body language* dans un stage de prise de parole en public. Il y va d'une conscience plus grande de soi et d'une communication infra-verbale avec autrui, sans lesquelles la relation n'est qu'une mécanique entre cerveaux.

Personnellement, il m'a fallu des années pour oser regarder dans les yeux les personnes qui venaient à ma rencontre. Sans la crainte d'être envahi ni la peur d'être intrusif, j'ai découvert une qualité de présence au monde plus grande, en acceptant de plonger ma tendresse dans le regard d'autrui. Dans le travail, l'intelligence rationnelle nous coupe d'une vibration plus intense de la vie, que seule la dynamique du corps peut réveiller. Les signaux du corps nous invitent à cesser d'être des morts vivants. Être pleinement vivant dans son travail, c'est :

- prendre le temps d'un check-in matinal (voir exercice ci-après), pour rapatrier toutes les énergies vitales disponibles ;

- mettre de la conscience dans les micro-tensions de divers organes, et les sentir se dissiper d'elles-mêmes, écouter son corps en toute situation ;

- adopter une position physique confortable et digne, en pleine conscience, être attentif à l'ergonomie générale de son poste de travail en s'accordant des pauses et des étirements si nécessaire ;

> « Le corps nous envoie des signaux de détresse pour que nous cessions d'agir comme des morts vivants. »

- respecter le rythme énergétique des saisons, s'alimenter sainement et ralentir dès qu'on a la tentation de passer outre à son écologie personnelle ;

- saluer la vitalité qui irrigue ses facultés de concentration, d'endurance et d'intuition jour après jour.

Rien de cela ne va de soi, et c'est un miracle sans cesse renouvelé que notre corps soit le fidèle tapis volant de nos péripéties professionnelles !

D'autre part, la santé n'est pas qu'une mécanique du corps. Quel que soit mon travail, je mobilise bien plus que ma tête et mes jambes dans mon quotidien. Face à la fatigue et au stress, la pharmacopée n'est souvent qu'un stimulant de l'action, elle ne prend pas soin de l'être. Formés à raisonner avec notre mental, à séparer le corps et l'esprit, nous ignorons tout des sept corps subtils qui composent notre être, et que décrivent nombre de traditions orientales.

1. Le corps physique, siège de notre expérience immédiate : c'est celui que l'on soigne en médecine allopathique. Quand je dis que je vais bien parce que je ne suis pas physiquement malade, je parle de ce niveau élémentaire de conscience.

2. Le corps éthérique, siège de notre volonté : c'est celui qui fait signe et appelle notre interprétation. Quand j'ai des acouphènes de façon inattendue, l'explication n'est pas que psychosomatique, c'est parfois une invitation à écouter mon bruit intérieur et à accepter ma fatigue passagère, tout simplement. Qui y prête attention ?

3. Le corps astral, siège des sentiments : c'est celui qui réagit au stress et nous avertit quand les émotions nous débordent. Quand je suis agacé ou irascible, cela n'a souvent rien à voir avec les situations immédiates, c'est le reflet d'une contrariété affective qui demande à être entendue.

4. Le corps mental, siège de l'intelligence : c'est à lui que se résument la plupart de nos interactions professionnelles. Prendre conscience que je suis davantage que mes pensées est un préalable à tout engagement dans la vie active.

5. Le corps causal, siège de la sagesse : c'est là que mon intuition me guide, dans une perception holistique des signaux de mon environnement. La pleine conscience nous conduit à intégrer dans notre réalité tout ce qui entoure l'action proprement dite, c'est l'intelligence du féminin alliée à la rationalité masculine du corps mental.

6. Le corps bouddhique, siège de l'amour : en lien avec le corps astral, c'est par cette enveloppe énergétique que je m'éveille à la bienveillance pour moi et pour les autres. Je crois que tous les séminaires d'équipe réussis consistent à baigner dans cet espace-là, nonobstant le prétexte rationnel (lancement d'un produit, félicitations d'un projet, résolution d'un différend, etc.). Qui prétend que le travail n'y trouve pas son compte ?

7. Le corps atmique, enfin, siège de l'âme : quand je suis enthousiaste, ivre de la joie pure que procurent certains moments de grâce, je sens cette exaltation. Cet état de communion avec une réalité large nous est donné quand nous sommes centrés dans notre corps physique, ancrés dans l'ici maintenant. Plus je suis incarné dans ma performance professionnelle, et plus je peux explorer des états élevés de conscience.

Enfin, la finalité de nos vies professionnelles est de nous incarner pleinement. Et si nos jobs successifs nous préparaient à jouer le rôle de notre vie ? Pour m'incarner, il me faut descendre dans la matière, confronter mes idéaux élevés aux turpitudes concrètes du quotidien ; quel meilleur théâtre que le travail pour réaliser cela ? Derrière le stress réside la souffrance de notre incorporation dans une conscience limitée, ici maintenant. Si l'ego entend nous préserver de ce passage, le corps se charge de vivre les douleurs qui l'accompagnent. Chaque fois que je traverse des périodes d'effondrement, mon corps est le seul recours pour que mon mental lâche prise et m'abandonne à une confiance absolue dans la vie. Auparavant, je m'empressais de prendre des médicaments pour n'avoir surtout pas mal, mais je n'en tirais aucun enseignement positif. Peu à peu, j'ai intégré que l'épuisement me renseignait sur un processus de transformation à l'œuvre, qui me dépasse. J'en ai moins peur, et je vois les signes avant-coureurs d'ouverture à la chimie du corps et de l'âme : combien d'entre nous ont commencé à mettre de l'ordre dans leur vie personnelle et professionnelle grâce à un accident ? Qui peut dire si la dépression est une porte d'éveil de conscience ? Qui n'a jamais rencontré des personnes à qui une maladie grave a ouvert le cœur ? De David Servan-Schreiber à Alexandre Jollien, de Jean-Dominique Bauby à Philippe Pozzo di Borgho, des voix témoignent qu'il est temps de cesser de rejeter la fragilité hors de l'efficacité professionnelle, sous prétexte de « gestion du stress ». Nul ne peut laisser l'un de ses corps subtils à l'extérieur du monde du travail, tout s'interpénètre et se répond continuellement. Métaphoriquement, nous sommes chacun les jardiniers botanistes en charge de la croissance de notre arbre de vie ; en voici une représentation inspirée par les travaux de Paule Boury-Giroud, coach de dirigeants.

Matrice du corps conscient

ZOOM

Décrypter les signaux du corps-esprit

Au lieu de lutter contre la faiblesse du corps, veux-tu faire alliance avec ton corps-esprit ?

Tu vois peut-être la vie professionnelle comme un marathon, une compétition permanente voire une machine à broyer les individualités ? Et si tu disposais de plus de ressources que tu ne l'imagines ? Ta fragilité d'être humain est aussi ta force, pour peu que tu en prennes soin.

Il n'y a pas d'un côté ton énergie physique, et de l'autre une énergie de la pensée et de l'esprit. Ton corps est le premier vecteur de ta pensée, et ton action est indissociable d'une vision et d'une éthique qui l'inspirent. Chacun des actes que tu poses est le fruit de cette interdépendance corps-esprit : quand tu présentes un plan d'action qui te tient à cœur, quand tu salues un collègue, quand tu t'absentes pour raisons de santé, tu donnes à voir un comportement physique et moral. La forme et le fond, tout fait signe et tout fait sens dans ton rôle professionnel. Si tu subis un stress dans ton corps, tu ne pourras pas l'ignorer longtemps en te focalisant sur le contenu de ton travail.

Primo, regarde la variation de ton humeur, échappant à tout contrôle de ta volonté. Ton corps est un formidable baromètre, observe tous les signaux qu'il t'envoie pour te renseigner sur ton droit inconditionnel à une météo changeante : douleurs localisées, sensations de vide subit, idées noires passagères, etc. « Il y a des jours avec et des jours sans », pour le dire trivia-lement. Peux-tu ajuster ton exigence envers toi selon que tu as des semelles de plomb ou de vent en allant travailler ce matin ? Si tu es indisposé aujourd'hui et que tu le sais, tu peux décaler un rendez-vous à fort enjeu, ou le vivre en régime minimum, en attendant des jours meilleurs.

Secundo, tu peux t'entraîner à repérer chez les autres les signes de leur santé globale : cesse de dire « bonjour » sans attendre la réponse, patiente quelques secondes quand tu serres la main de quelqu'un pour te laisser imprégner de sa présence. Si tu t'abstrais des outils de communication, ton corps interagit avec d'autres corps à chaque seconde de ta vie. Tu peux faire attention au couple corps-esprit des membres de ton équipe, et t'habituer à faire de même pour toi. Quand as-tu bénéficié d'un massage pour la dernière fois ? Que se passera-t-il si tu annules le prochain voyage professionnel qui te pèse ? Quel aspect de ta santé générale peux-tu célébrer séance tenante ?

Tertio, tu peux employer un autre carburant que ton énergie physique propre : en t'appuyant sur l'énergie du groupe, en respirant profondément l'air pur sur le chemin de ton travail, en te nourrissant des gestes et des mots que ton entourage distille sur ton passage. Quand tu prends conscience que tu n'es pas qu'un corps ni qu'une pensée, tu t'en remets à une force plus vaste et plus immatérielle que ton effort physique. La joie de l'instant, la conscience d'être vivant, l'amour inconditionnel, la paix intérieure, la beauté de la nature sont quelques réservoirs inépuisables d'énergie sur lesquels tu peux t'appuyer, à l'insu de tous tes collègues. Il suffit de t'arrêter un instant, de respirer en pleine conscience et de déclarer : « je décide de remettre mon taux d'énergie vitale à 100 % en allant puiser à la source de… (tu complètes selon ton inspiration). » Cela te fait sourire ?

Mettre de la conscience dans tout son corps

La pensée créatrice est souvent alliée à la pleine conscience dans des exercices de visualisation positive. C'est relaxant dans l'instant, et œuvrant pour ton équilibre corps-esprit.

Tu renonces à n'être qu'intelligent dans ton travail quand tu pratiques des exercices de pleine conscience, tels que ceux proposés par Jon Kabat-Zinn. Il est vrai que méditer est à la portée de tous. Mais l'énergie de persévérance et d'exploration confiante du bruit intérieur de ton corps n'est pas si habituelle. Pourquoi t'y astreindre si cela ne t'est pas naturel ?

D'abord, parce que la perception de ton corps peut être beaucoup plus fine et beaucoup plus précise que tu ne l'imagines. Par exemple, mets ta conscience un instant dans ton cœur, puis dans ton ventre, puis dans ta tête, et respire tranquillement, sans aucune autre intention. Tu découvres des territoires sensoriels, des variations de température ou de texture imperceptibles quand on reste à la surface. Tu oublies tout cela alors que cela fait partie intégrante de toi, bien davantage que les supports et outils de travail que tu ne manques pas d'emporter à chaque occasion. À l'écoute de ton corps-esprit, tu ne te racontes plus d'histoires. Chaque organe te joue une partition originale, à toi de l'écouter pour tisser le récit cohérent qui l'accompagne : la créativité vient par les pieds, l'enthousiasme passe par tes poumons, la peur par le ventre, etc. Tu es invité à interpréter le langage symbolique de ton corps, rien qu'en y mettant une attention consciente, et laisser la libre association faire le reste. « Je repère que j'ai les paupières qui se ferment, cela me rappelle mon père quand il faisait un discours solennel, je sens le poids de cette image et je découvre que cette remise de Légion d'honneur n'est décidément pas rien. »

Ensuite, parce que tu es plus dense quand tu prends conscience de tout tes corps subtils. Tu es moins tout-puissant et moins seul si tu sens les champs énergétiques qui t'environnent, ton propos est plus humble et plus confiant à la fois. Plus de cohérence interne signifie plus de performance dans ton impact, quand toutes les portes énergétiques appelées « chakras » ou « méridiens » sont ouvertes et alignées. Les lieux où tu officies prennent aussi une place particulière dans ton écologie personnelle, tu fais plus attention à l'espace dans lequel se déploie ton rôle : tu peux t'appuyer sur l'énergie des lieux, la lumière du jour, les couleurs que tu portes, au lieu d'agir en force et en aveugle. « Je choisis de rester debout et je convoque l'image d'un arbre solidement enraciné pour transmettre l'intention de solennité et d'ampleur dans mon discours de récipiendaire de la Légion d'honneur. »

Enfin, parce que le calme intérieur n'est accessible qu'en étant d'abord attentif au bruit permanent de ton corps. Si tu prêtes attention à tout ce qui se passe en toi, tu vas traverser un brouhaha inouï avant de faire silence. Cet exercice n'a rien à voir avec le tohu-bohu qui t'environne. Tu n'as qu'à fermer les yeux, et décider jusqu'où tu fais descendre l'ascenseur de ta pleine conscience : tu vas rencontrer des émotions, tu peux même les traverser. Ta rancœur envers tel patron, ta peur de tel conflit sont des états passagers qui se collent sur ton corps astral, rien ne te force à y demeurer. Le pouvoir de la pleine conscience est de te faire vibrer à l'unisson de ton être. Connais-tu l'expression « faire le vide » ? Au lieu d'aller fumer une cigarette, taper une balle ou dormir, je te propose un moment de non-agir. « En conscience de mon trac, habité par une conscience aiguë de tous les êtres bienveillants qui me soutiennent intérieurement, je déroule mon discours en jouant avec le silence, en lui faisant une belle place. »

Installer des bulles sans stress

Et le stress dans tout cela ? Tu sens qu'il est tapi dans l'ombre de ta méditation, prêt à resurgir à la moindre occasion. Une clé est peut-être de le diluer dans une conscience plus vaste de ta santé professionnelle. Tu n'es pas qu'une somme de tracas, une pile de stress incompressible. Avoir du stress est une chose, être stressé en est une autre… À côté des techniques évoquées de réduction du stress dans de précédents ouvrages (le tour du propriétaire, l'EFT…), tu as la possibilité d'installer des bulles sans stress dans les interstices de ton activité, par le seul truchement de ta conscience.

Premièrement, tu peux localiser physiquement la source de ton stress. Tâche de la circonscrire à cet organe. Envoie maintenant de la lumière et de la chaleur dans cette partie de toi, comme si tu éteignais un feu ou endiguais une voie d'eau. C'est la peur du stress, si pénalisante, qui fond peu à peu.

Deuxièmement, plonge dans le moment présent avec tout ton corps-esprit, sans autre idée préconçue. Ton stress est souvent lié au passé ou à l'avenir, il n'a pas d'existence propre dans l'instant présent. Essaie de faire cela au cours d'un entretien pénible : le pouvoir que tu donnais à l'autre de « te » stresser disparaît quand tu cesses d'y penser, pour être pleinement présent.

Troisièmement, tu peux te focaliser sur une cause plus essentielle que l'objet immédiat, un enjeu plus sacré pour toi, à côté de quoi la situation présente paraîtra secondaire. « Tous les corps ensemble, et tous les esprits ensemble, et toutes leurs productions ne valent pas le moindre mouvement de charité. Cela est d'un ordre infiniment supérieur. » Tu peux méditer cette pensée de Pascal, pour relativiser ton stress. Tes souffrances en seront probablement atténuées.

Ton stress est peut-être une invitation à changer de registre, à écouter davantage ton désir de cohérence intérieure. Il s'agit maintenant d'apprendre à suspendre ton jugement.

Scan corps-esprit

Dans l'exercice qui vient, tu vas t'entraîner à élargir ta conscience et à relaxer complètement ton corps et ton esprit. Je te suggère de veiller à ne pas être dérangé, et d'adopter une position décontractée (par exemple assis, les deux pieds posés au sol, paumes ouvertes sur les genoux). Lis les consignes une première fois et mémorise-les.

Ferme les yeux, et place ta conscience dans ta respiration, comme tu l'as déjà pratiqué précédemment. Dirige à présent ta conscience vers ta tête, ton front, tes sourcils. Détaille tous les organes que tu rencontres des cheveux à la base du cou, en suivant le mouvement de ta respiration. Descends ensuite tranquillement le long du bras droit, puis du bras gauche, jusqu'à la main et aux ongles des doigts. Si tu sens une tension, observe-la et relâche doucement la zone incriminée, sans juger ni interpréter. Place ta conscience dans le tronc et les côtes, le cœur, les poumons, l'abdomen, le bassin, le sexe, les viscères, et tous les organes internes que tu perçois. Respire en conscience de ta jambe gauche puis droite, depuis la hanche jusqu'aux orteils, sans hâter le mouvement ni le ralentir. Remonte le long du dos, détaille chaque vertèbre des reins jusqu'aux omoplates. Finis par le haut du crâne. Suspends un instant ta respiration et prends conscience de l'ensemble de tes organes, en plaçant ta conscience dans le sang, les nerfs, les muscles et tous les fluides qui parcourent ton corps. Prends conscience de la peau qui te protège de l'extérieur, honore sa force et sa fragilité, et vois comme elle donne sa cohérence à l'ensemble. Imagine à présent une enveloppe invisible qui relie toutes les émotions entre elles, dessine ses contours mentalement autour de toi. Sens comme cette enveloppe rencontre celle des personnes de ton entourage, familières ou non. Perçois encore plus subtilement le corps constitué par tes pensées, tes intuitions et tes connaissances et fixe le plus loin dans l'espace qui t'environne. Puis place une enveloppe encore plus large qui contient toutes les précédentes, et qui te relie à la terre par les pieds et au ciel par le haut du crâne. Contemple un instant ce monde intérieur qui est le tien. Doucement, je t'invite à rouvrir les yeux et à revenir dans le moment présent, en état de conscience ordinaire.

Qu'as-tu découvert ou confirmé dans ce scan corps-esprit ?

....

....

Que vas-tu faire de cette prise de conscience dans la journée qui vient ?

....

....

Le langage corporel est la première des compétences professionnelles

La santé au travail passe par un nouveau paradigme corps-esprit

Le corps dessine une géographie d'accès à nos aspirations profondes

AFFRONTER LES CONFLITS EN SUSPENSION DE JUGEMENT

« De votre ami, dites du bien. De votre ennemi, ne dites rien. »
Proverbe anglais

VÉCU

Le travail à plusieurs est un terrain d'affrontement par excellence : nous frottons nos egos les uns aux autres et entrons en rivalité pour des questions d'intérêts et de compétences et, au final, de territoires et de représentations. On vante le travail en équipe à l'heure où les équipes sont devenues le théâtre de conflits coûteux économiquement et psychiquement : les fusions et les réorganisations qui échouent se heurtent à des querelles humaines, pour des prétextes parfois dérisoires. Hors le travailleur indépendant, point de salut ? Quand ce ne sont pas des collègues, des patrons, des subordonnés, ce sont des clients et des partenaires par qui le scandale arrive… Nul n'échappe au conflit dans la sphère professionnelle, à un moment donné. Et si le conflit était source de croissance et de solidité ? Ce chapitre montre comment l'affronter en adulte, en apprenant à suspendre son jugement sur soi et sur autrui.

L'ἐποχή (*epokhē)* désigne la suspension de jugement en philosophie, qui remonte au IIIe siècle avant Jésus-Christ. Pour les sceptiques, il s'agissait d'une abstention radicale d'opinion pour rester imperturbable face à l'inconnaissable du monde. Les stoïciens en firent un principe de sagesse et de retenue, tandis que les sophistes contestaient radicalement l'existence de toute réalité, preuve que tout est défendable et donc relatif. Au lieu du doute méthodique de Descartes, Husserl proposa une suspension de jugement phénoménologique, consistant à « mettre entre parenthèses » tout jugement objectif sur la réalité : seule l'expérience *subjective* du monde peut être intelligible. La réalité du travail n'a de sens que dans mon vécu propre, en écho à mon monde intérieur. Pour quelles raisons ai-je démissionné des entreprises par lesquelles je suis passé ? Tantôt une hiérarchie prônant et bridant toute initiative, tantôt un contenu de travail appauvrissant, ou encore un climat de travail étouffant… Les faits déclencheurs pouvaient être externes, mais le mouvement profond était toujours un sentiment d'inadéquation entre ma réalité intérieure et le monde : il n'y avait personne à blâmer. Tout conflit professionnel naît d'une question éthique et s'éteint quand on cesse de reprocher à l'extérieur ce qui nous taraude intérieurement.

Le monde du travail est fondé sur le jugement : un manager doit évaluer ses collaborateurs, un expert doit arbitrer en connaissance de cause, un consultant doit poser un diagnostic. Renoncer à notre jugement est impossible et indésirable, cela nous priverait de notre esprit critique et de notre jugement de goût qui sous-tendent notre liberté individuelle. Face à ce qui me contrarie professionnellement, le jugement est un réflexe que je connais, il m'installe dans ma sévérité et mon étrangeté au monde de l'entreprise. Mais en poussant ma faculté de jugement jusqu'au bout, j'aboutis à un sentiment d'être coupé des autres, seul avec ma certitude d'avoir raison. Le jugement hâtif est le lit des malentendus qui minent notre quotidien professionnel.

À quoi suspendre son jugement ? À un porte-« mentaux », suis-je tenté de répondre. Car le piège du jugement réside dans la lecture strictement mentale que je fais d'une situation. Mon cerveau échafaude en permanence des scénarios fantaisistes pour que la réalité soit conforme à ma réalité : c'est le phénomène des filtres perceptifs bien connu avec la notion de « cartes du monde » : à chacun sa vérité. Mais la tolérance et le relativisme sont de piètres cache-misère des conflits latents dans le travail. Quand je juge sévèrement un collègue, au fond, c'est toujours moi que je maltraite en me réduisant à ma pensée partielle et partiale. J'alimente mon ego en vain, je ferme la porte à une ouverture du cœur qui est la véritable suspension de jugement. Fait assez rare pour m'en souvenir, j'ai eu un jour un différend avec mon associée car elle utilisait mon bureau en mon absence alors que le sien était disponible. J'ai hésité à m'opposer à elle pour cette question de principe, une broutille en fait, mais je lui en sais aujourd'hui infiniment gré : *primo*, cela m'a fait retravailler mes besoins fondamentaux de sécurité et d'inviolabilité, dont l'espace de travail n'était qu'un prétexte ; *secundo*, cela m'a fait comprendre sa peur de manquer de place, liée à des blessures anciennes que ma « défense d'entrer » réactivait.

> « Quand je déjuge un collègue, au fond, c'est toujours moi que je maltraite en me réduisant à ma pensée partielle et partiale. »

Résoudre un conflit, c'est s'y abandonner et voir ce qui s'y cache. Le conflit nous fait grandir, en ce qu'il nous fait voir la réalité de façon plus vaste et concilier des positions apparemment irréductibles. Il n'est pas rare qu'une hostilité professionnelle soit l'écho d'une blessure profonde que je m'inflige à nouveau, si je ne la guéris pas en la reconnaissant comme telle. La réalité est une poupée russe, je peux désemboîter mes préjugés pour découvrir ce que cette querelle dit de moi d'instructif et de toujours salvateur : ce n'est pas le conflit qui nous empoisonne, c'est la non-conscience du cadeau qu'il nous offre pour sortir de nos geôles idéologiques. Est-ce un hasard si les secteurs où l'esprit critique est le plus valorisé sont aussi les univers professionnels les plus inhumains que j'ai côtoyés ? La politique, le monde associatif, les médias, l'édition, le luxe, etc. ? Pour sortir du « j'ai raison, tu as tort », la suspension de jugement nous fait voir le conflit comme une occasion d'inclure plutôt que d'exclure, le désaccord comme un miroir de soi.

Quand je suspends mon jugement, je me libère l'esprit pour voir les choses autrement, comme un ethnologue de l'entreprise : je nourris de la curiosité pour la position adverse, un questionnement ouvert, innocent et incrédule, face aux jeux que je crois discerner, je ne m'arrête pas à mes certitudes mais j'explore les facettes inattendues de la réalité, j'y vois parfois même une source de poésie industrielle : au lieu de m'installer dans mon intellect quand tel client me désespère ou tel fournisseur m'irrite, je respire et tâche de me demander : « Quel bénéfice caché ai-je à cette querelle ? De quoi ai-je peur ici ? Quelle intention profonde puis-je rencontrer au-delà de ce que l'autre me donne à voir ? etc. » Cela m'aide à me décoller du jugement immédiat, et à consentir au conflit sur un plan plus vaste et plus apaisé.

Vive le conflit sans jugement ! Si je plonge dans mon cœur, par-delà l'émotion, je découvre qu'un conflit est toujours à mon service, j'ai de la gratitude pour l'épreuve qu'il me donne à vivre. À tout prendre, le monde du travail est un lieu d'exercice de ma suspension de jugement, infiniment moins tragique que les guerres ou les épidémies qui jalonnent l'Histoire. Il m'est beaucoup plus aisé de suspendre mon jugement dans la vie professionnelle que dans la vie privée, tellement chargée en affects et en non-dits. Et toi ?

ZOOM

En suspension de jugement, on peut aller à l'endroit exact où le problème ne se pose plus.

« Seuls les paranoïaques survivent »

Le slogan d'Andy Grove est criant de vérité : et si nous cessions de survivre pour commencer à vivre dans notre travail ? Sans doute es-tu spontanément réticent au conflit : tu as fait l'expérience de la colère, du ressentiment voire de la haine dans un contexte de travail, et du point de non-retour qui peut en résulter. Est-ce prudent d'affronter ce qui fâche professionnellement, au lieu de faire la sourde oreille en se résignant secrètement ?

Ce qui te rend malade, c'est le jugement que tu portes sur le conflit, sur les autres et sur toi, sans cesse. Regarde une situation de conflit latent dans ton travail. Oublie un instant toutes les explications que tu t'es forgées : elles ne sont ni vraies ni fausses, seulement attachées au contenu, objet du conflit. Vois les personnes en présence, leur réalité, le contexte large en intégrant le plus de paramètres dont tu as connaissance : les choses sont plus complexes qu'au premier regard, n'est-ce pas ? Tu vois désormais la trame d'un scénario usé jusqu'à la corde, dans lequel tu alimentes une pensée négative. « Je suis victime d'une injustice », « je suis trahi par ceux en qui j'ai mis ma confiance », « « ça va mal finir comme d'habitude »… En pleine conscience de ce que tu (re)joues dans ton travail d'un conflit intérieur, tu vois la toxicité de telles affirmations. S'entraîner à recadrer sa perception permet de sortir de ses projections. Comment suspendre son jugement sans se renier ?

D'une part, vois le trésor derrière le conflit : choisir tes combats est peut-être un de tes moteurs. Si tu vas au-delà des positions que tu défends, tu peux voir que ton idéologie ne recouvre pas entièrement ton éthique personnelle. À quoi bon l'emporter sur le fond si c'est en déployant une violence inouïe sur la forme ? Tu sais que tout le monde est perdant dans ce cas. Vois-tu comment le conflit avec ce manager ou ce collègue te donne l'opportunité de faire grandir ton humanité ? En faisant abstraction de l'objet du contentieux, tu perçois le prix de la relation avec l'autre. Le prix de cette relation est le vrai enjeu du conflit. En suspension de jugement, tu peux décider si tu veux la briser ou la préserver, et cela sans culpabilité ni acrimonie. Assumer un conflit, c'est porter la dimension symbolique à son plus haut niveau de conscience, seule façon de sortir du registre du bouc émissaire qui nous agit dans le travail comme ailleurs.

D'autre part, plonge dans ton cœur, et non dans ta tête. Tu n'as qu'à descendre en profondeur dans les intentions positives qui t'animent et deviner celles qui animent tes opposants. Désormais, tu vois le conflit comme une opportunité extraordinaire d'exprimer une partie de toi plus profonde et plus ouverte, et de découvrir en même temps un aspect inattendu chez ton ennemi. Tu souris, perplexe : « Ce n'est pas parce que je comprends la logique d'autrui que je renonce à mon point de vue. » Certes. C'est pourquoi il ne s'agit pas de comprendre ni d'expliquer mais d'intégrer l'un et l'autre points de vue, de faire le pari qu'il y a un endroit métaphorique où tu peux accueillir inconditionnellement celui dont le cerveau se frotte au tien. Quand tu sors du cercle vicieux de la polémique, tu renonces non seulement à juger négativement l'autre, mais aussi à te mettre la pression pour avoir raison ! Tu n'en auras pas besoin.

Enfin, exerce-toi aux Cinq Pourquoi. Face à un nœud relationnel, pose une affirmation de ce qui te heurte. Pose-toi la question simple : « Pourquoi ? » Et repose-toi cette question cinq fois. D'itération en itération, tu aboutis à une hypothèse fondamentale sur le monde ou sur toi-même. Il te reste à accepter ou non de lâcher cette vérité partielle, ici maintenant, pour une vérité plus vaste. Qu'as-tu à gagner à te raidir dans ta position ? Que peux-tu faire pour que les autres voient ton intention profonde derrière cette position de principe ? Le jeu en vaut-il la chandelle dans ton contexte actuel ?

Honorer son adversaire dans tout conflit

L'énergie du conflit est utile, tu peux apprendre à t'en servir. La communication non violente (CNV), courant de psychologie humaniste fondé par Marshall Rosenberg, fait l'hypothèse que nous entrons en conflit le plus souvent parce que certains de nos besoins fondamentaux sont méconnus, inexprimés et donc inassouvis. Si tu crois que la satisfaction de tes besoins professionnels et personnels dépend des autres, tu agis comme un jeune enfant : en tant qu'adultes, nous sommes responsables de nos besoins. En fin de chapitre, un exercice de CNV peut t'aider à sortir d'un conflit par le haut. Voici quelques points de repère pour adopter une vision constructive du conflit dans ton travail.

Premièrement, la colère est une énergie vitale et à ce titre utile pour entrer en contact avec ton monde intérieur et le présenter aux autres. Dans le monde professionnel, on confond colère et violence, et c'est souvent parce que tu veux éviter les conflits que la violence éclate avec tes interlocuteurs. Il faut du courage pour formuler sa colère sans cruauté, pour oser dire son désaccord sans intention de blesser autrui. Tu peux honorer le collègue, le client ou le manager qui prend ce risque.

Deuxièmement, tu peux faire alliance en profondeur et t'opposer en surface. « Sommes-nous d'accord pour ne pas être d'accord ? » est une question implicite à toute résolution de conflit. Si tu n'as pas ce consentement tacite, interroge-toi sur la force du lien entre vous, peut-être l'indifférence est-elle la meilleure stratégie d'apaisement.

Troisièmement, rencontre ton adversaire et ignore ton ennemi. Ton ennemi fait écho à ton ombre, que nous explorerons au chapitre 9. Mais ton adversaire est un camarade de jeu, un coéquipier avec lequel tu es embarqué dans une aventure professionnelle. Il est sur ta route pour te faire progresser dans ton ouverture d'esprit, et c'est sûrement réciproque : combien de directeurs et d'adjoints ont soudé leur relation sur un conflit fondateur ? Quel commercial n'a jamais découvert un complice chez un client avec lequel les choses avaient très mal commencé ? Ton intelligence relationnelle possède des ressorts inconscients de bienveillance, qu'il s'agit de découvrir en reconnaissant simplement que l'autre est sur ta route pour ton bien : pour sortir de tes *a priori*, pour découvrir un nouveau métier, ou pour apprendre à vivre harmonieusement le conflit.

Quatrièmement, toute communauté est d'abord une communauté de souffrance. Les torts sont partagés, la peur et les préjugés aussi. Regarde le conflit dans un processus temporel, c'est une dynamique avec laquelle tu sais vivre. Dans tout différend avec un partenaire professionnel, il y a une chose au moins que vous partagez, c'est l'inconfort qui vous contrarie. Peux-tu nommer cela, et le faire reconnaître par ta contrepartie ? En dévoilant ta fragilité, tu changes insensiblement les conditions de l'échange, tu autorises l'autre à avouer ses failles et une connivence peut s'instaurer, en marge de votre désaccord. Il y a une certaine volupté à mettre un genou à terre, c'est désarmant même pour les plus belliqueux.

Passer l'éponge

Moins tu juges et plus tu deviens une éponge. Quand tu suspends ton jugement, tu rejoins l'autre par l'intérieur, et tu perçois sa souffrance, parce qu'elle fait écho à la tienne : sentiment de gâchis, violence du manque de reconnaissance pour les efforts déployés, peur de l'échec… Sans chercher d'exutoire, tu peux aisément discerner la partie de tous tes interlocuteurs professionnels qui te touche si tu vas suffisamment loin dans la pleine conscience. Une secrétaire maladroite, un stagiaire lent ne suscitent bientôt plus d'agressivité chez toi, plutôt de la compassion pour la partie d'eux que tu reconnais en toi.

Ton pouvoir de compassion est sans limites : les conflits servent à découvrir cela, en tous lieux. Ce qui t'insupporte chez un collègue, il y a de fortes chances que tu l'aies en toi. Si l'envie de construire quelque chose de positif n'est pas explicite, rien ne t'empêche de rencontrer l'autre de l'intérieur. Comment procéder ?

Tu peux pratiquer le Hooponopono[4], ou tout exercice de pleine conscience présenté dans cet ouvrage et qui te permet de rencontrer les autres de cœur à cœur. Il suffit de choisir de pardonner sans effacer l'offense, de respecter sans comprendre, de consentir au lieu de repousser pour que grandisse ta compassion. Voici un exercice simple et efficace dans cet esprit : écris le mail ou le SMS que tu as envie d'envoyer à la personne qui t'a contrarié. Prends conscience de la stabilité et de la justesse que le relire t'apporte personnellement. Et n'envoie pas ce message. Tu as insensiblement changé la situation, n'est-ce pas ?

Tu peux laisser circuler un flux de bienveillance souterrain entre toi et les autres, y compris sur des sujets de discorde. Ta pensée est créatrice, et tu verras sans doute des signes miraculeux de rapprochement entre des parties prenantes que tu

---

4. *Cf.* du même auteur : *Coaching de soi*, Éd. d'Organisation, 2010, p. 293.

croyais diamétralement opposées. Cela ne signifie pas qu'un armistice soit signé, mais cela te donne un chemin possible vers autrui. À côté de la tentation de violence qui couve dans le monde du travail, tu disposes aussi de ce que j'appelle un mimétisme compassionnel, un *a priori* de bienveillance, qui sera contagieux au fil du temps. À ce stade, tu constates qu'il n'y a pas de séparation entre « moi » et « autrui » dans ce conflit : ce n'est qu'un vaste monde d'expérience intérieure, baptisé le « soi », dans lequel tu rencontres une commune humanité avec tous. N'est-ce pas fascinant d'y laisser se dissoudre miraculeusement toutes nos querelles d'egos ?

Tu peux laisser le temps faire son travail de résolution des conflits. Tu n'as qu'à accompagner le mouvement naturel de la vie et te réjouir de la confiance croissante entre frères ennemis. Aucune querelle n'est définitive, aucun point de tension n'est irréparable entre deux personnes. La bonne volonté, la suspension de jugement et la patience ont des effets puissants. Il s'agit juste d'accepter la blessure pour ton ego quand c'est toi qui mets un genou à terre *le premier*. Renoncer à un titre de directeur convoité par d'autres, proposer une coupe budgétaire contre son gré, lâcher une idée originale… Tu guériras assurément de tes blessures professionnelles, car tu gagnes bien plus en liquidant le conflit qu'en l'entretenant. Comment faire ? En épousant ton ombre.

Se réjouir d'un conflit sans violence

Pense à une situation professionnelle délicate qui te préoccupe actuellement. Tu t'es peut-être déjà dit qu'il fallait gérer ce conflit, mais sans vraiment t'y résoudre pour mille raisons. Voici un protocole inspiré de la CNV pour regarder ton conflit comme un trésor relationnel. Tu peux te référer à la bibliographie pour approfondir cette méthodologie. L'essentiel ici est d'exercer ta suspension de jugement sur un cas concret, et d'en mesurer les effets. Prêt ?

Quels sont les faits que tu constates ?

....

....

Qu'est-ce que tu ressens profondément face à cet état de fait ?

....

....

Quels sont les besoins vitaux non comblés que ces émotions te font toucher ?

....

....

Quelle demande, prière, promesse peux-tu formuler — envers toi-même ou plus largement ?

....

....

La maturité professionnelle s'acquiert en sachant faire face à ce qui fâche

Le conflit avec autrui est toujours le miroir d'une contrariété en moi

Seule la suspension de jugement pacifie les relations humaines

VIE PRIVÉE, VIE PROFESSIONNELLE : ÉPOUSER SES OMBRES

> *« Autant que je puisse en juger, le seul but de l'existence est d'allumer une lumière dans l'obscurité de l'être. »*
>
> Carl Gustav Jung

VÉCU

Que désigne-t-on quand on parle des « gens » ? Cette entité floue n'est souvent que la projection de nous-mêmes. Prendre conscience que nous jouons dans la vie extérieure un reflet de notre monde intérieur est une économie d'énergie immense, notamment dans le travail.

Il y a des batailles qui ne méritent pas qu'on les livre : pour apprendre à choisir ses combats, il est utile d'apprivoiser son ombre. Ce joli mot a été forgé par Carl Gustav Jung, père de la psychologie analytique, pour décrire la partie ignorée et refoulée de nous, souvent une part animale archaïque, qui a pour fonction de compenser notre moi positif, visible et conscient. Cette dualité en nous est difficile à accepter pour les plus cartésiens. Pourtant, il n'y a pas de lumière sans ombre. Ceux que je prends pour des adversaires sont souvent des personnes sur qui je projette mes ombres. Quand je reconnais chez certains clients une disposition de caractère ou de comportement repoussante, je me pose la question : « En quoi cette facette figure-t-elle aussi chez moi ? » C'est souvent le cas et, honnêtement, ce n'est pas très agréable ; le bon élève trop laborieux, l'intellectuel autiste, le moraliste narcissique sont des archétypes que je n'aime pas assumer et qui, cependant, font partie de moi. Quand je les reconnais chez autrui, passé le réflexe de rejet, j'ai une immense gratitude et une connivence profonde avec cette personne, ne serait-ce que parce qu'elle met en lumière cette zone d'ombre. L'enjeu de ma relation avec autrui s'en trouve diminué, puisqu'il est le miroir de mes propres contradictions.

> « Combien de travaillomanes ont une peur panique de la mort ? Quel autodidacte n'a pas une sourde angoisse de perdre un jour son emploi ? »

Le monde de l'entreprise est un paysage en clair-obscur. J'y trouve des occasions d'exercer ma tyrannie du détail dans une recherche absurde de perfection : seuls la frustration et le sentiment d'injustice sont au rendez-vous, tant il est vrai que l'entreprise est une machine dévorante. Quand je suis aveuglé par mon ego, pour dire stop, il m'est salutaire de me dire : « Quelle est la face cachée de mon exigence de performance absolue ? » Derrière les sentiments négatifs qui s'y logent, je rencontre toujours une peur inconsciente. Combien de travaillomanes ont une peur panique de la mort ? Combien de managers omniprésents redoutent qu'on ne les aime pas ? Quels autodidactes n'ont pas une sourde angoisse de perdre leur emploi ? Métaphoriquement, je préfère marcher le soleil dans le dos, mais mon ombre en face. Au lieu de refuser et de rejeter hors de moi ce qui me dérange, j'ai toujours bénéfice à reconnaître et accepter ce qui a été, est ou sera ma limite, mon inaccompli.

Féminin et masculin, ombre et lumière, yin et yang, « le sublime et le grotesque » comme disait Victor Hugo dans la préface de *Cromwell*, nous sommes le théâtre de forces antagonistes qui s'équilibrent. Concilier ces contraires est un mariage intérieur délicat. L'exemple le plus immédiat dans nos existences est la vie privée/professionnelle. Certains prétendent faire une séparation nette entre les deux mondes, souvent pour se préserver un espace intime. Il n'empêche : l'un alimente l'autre, ils sont en résonance permanente. J'ai compris il y a longtemps que je fais mon métier pour m'exercer à faire professionnellement ce qui m'est si difficile dans la vie privée : donner du feedback, écouter sans jugement, faire confiance, etc. Vous trouvez dans le travail un exutoire, un espace de ré-création ou d'évasion pour être vraiment vous-même ? Ou bien vous vivez douloureusement le monde du travail comme une comédie de dupes, fatigué d'y jouer un rôle qui ne vous ressemble pas ? Qu'importe ! Dans tous les cas, l'un a partie liée avec l'autre. Je ne peux ignorer mes épreuves personnelles une fois au bureau, et réciproquement, je suis affecté dans mon histoire personnelle par les défis dans mon travail. L'objectif de la pleine conscience est de vivre en cohérence ma vie privée et ma vie professionnelle.

Pour harmoniser les deux faces de ma vie, rien de tel que d'épouser mes ombres. Accueillir inconditionnellement le dragon, le serpent ou tout autre démon tapi en moi est un sûr moyen de m'en prémunir. L'argent, le pouvoir, la reconnaissance, voilà les problématiques que nous affrontons constamment dans la vie professionnelle. Plus je reconnais ce que ces addictions signifient dans ma vie personnelle – histoire familiale, blessures anciennes, objectifs cache-misère… –, moins je risque d'en être victime. Au travail et à la maison, j'apprends à m'incarner dans ma vie tout court, à voir mes limites et à traverser mes ombres : quand j'ai des revers de fortune, je peux m'en prendre à la terre entière ou admettre que c'est moi qui résiste au cours des choses. Sans culpabilité, sans même comprendre, j'accueille en confiance cette image peu reluisante de moi-même. Le personnel et le professionnel se répondent constamment : par exemple, je déteste quand les autres sont en retard, mais j'ai toujours du mal à être ponctuel. Cela a longtemps été plus fort que moi, depuis l'école ; par peur qu'on m'oublie, je me faisais désirer sans doute. C'était aussi par peur d'être surpris que je contrôlais à la minute mon agenda. J'ai fait des plans d'action, des séances d'hypnose, des *insights* en tous genres… J'ai progressé, mais je sais que cette ombre est la même dans tous les registres de ma vie. Je l'accepte en tant que telle, et sais gré à mes proches de tenir bon sur ce point.

ZOOM

Es-tu le même au travail et à la maison ?

Tu te demandes si tes amis te reconnaîtraient dans ton travail, et si tes collègues t'apprécieraient dans la vie privée ? Tu peux mettre une frontière entre les deux mondes, mais elle ne sera jamais étanche. Et si le contraste entre ta façon d'être au travail et à la maison était une clé précieuse ?

Écoute ta voix, observe tes gestes : ils sont différents dans l'un et l'autre monde. Tu es plus spontané, moins emprunté dans la vie privée. Et pourtant, c'est là que les enjeux affectifs sont les plus forts… En t'intériorisant, tu constates que tu n'es pas plus toi-même dans un registre que dans l'autre, ce sont deux faces d'une même médaille. Si tu te juges trop sérieux ou pas assez affirmé, c'est peut-être souhaitable, mais tu es aujourd'hui le produit de cet alliage. Comment le vivre avec plus de conscience intérieure ?

Primo, fixe-toi un cadre de sécurité pour ne pas polluer ta vie privée avec tes préoccupations professionnelles. Si ces dernières débordent et que tu racontes ta journée de travail à ton conjoint et tes amis, sans doute as-tu besoin d'un sas plus important entre les deux univers. Tu peux profiter d'un temps de trajet pour faire le vide en conscience, ou poser un acte rituel chaque soir qui signifie « défense d'entrer » à ton job : changer de vêtements, éteindre ton portable professionnel, visualiser un coffre dans lequel tu enfermes tes pensées parasites jusqu'au lendemain…

Secundo, observe les vases communicants : il y a des émotions qui te gagnent, des attitudes que tu adoptes sans réfléchir à l'identique dans tous les pans de ta vie : tu es touché par les mêmes causes, blessé par les mêmes personnalités, fatigué ou amusé quand les mêmes conditions se présentent. Reconnais simplement les faits générateurs, sans analyser ni vouloir changer les choses. Viennent-ils de l'extérieur ou de l'intérieur ? Prenons un exemple extrême : te souviens-tu où tu étais le Onze Septembre, quand le World Trade Center s'est effondré ? À cet instant précis, tu étais authentique, les personnes autour de toi aussi. Imagine que de tels moments de vérité aient lieu à chaque instant. Quand une réaction est plus forte que toi, il y a fort à parier qu'elle provienne d'une de tes ombres. Es-tu prêt à aller voir laquelle ?

Tertio, pose une intention claire : quand tu arrives au travail le matin, ou quand tu t'adonnes à un de tes loisirs, tu plonges dans l'action sans réfléchir au sens qu'elle a pour toi. Qui t'empêche de décider de mettre ta journée sous le signe du rire ou de l'immunité par exemple ? Tu vas t'apercevoir que les signes se répondent dans tous les morceaux de ton existence, et que ce jeu de pistes a de quoi réjouir, quels que soient les problèmes de fond que tu auras à régler.

Ombre dorée, ombre sombre

Connais-tu le Dark Vador qui sommeille en toi ? *Star Wars*, la saga de George Lucas, raconte le combat de la force et du côté obscur de la force. Vieille histoire manichéenne ? Le héros succombe à ses pires démons parce qu'il a peur de ses cauchemars, qui deviendront prémonitoires. Plus tu ignores ton ombre, plus tu te laisses gouverner par elle. Tout revient-il à la peur ancestrale de l'obscurité ? Cette part inaccomplie, humide et sombre renvoie à ton « féminin intérieur », que tu sois homme ou femme n'y change rien.

D'une part, fais l'hypothèse qu'il y a un mystère en toi. Tu peux avoir fait du chemin en développement personnel ou en thérapie, il y aura toujours une part d'énigme en toi comme en tout être humain. Tu n'as pas besoin de te comprendre pour t'accepter inconditionnellement tel que tu es.

D'autre part, visite régulièrement ta cave. Les constructions savantes que tu échafaudes dans ta vie sociale sont l'objet de l'essentiel de ton énergie ? Prends un instant conscience de la vanité de ta carrière (en préambule du chapitre suivant). Les honneurs et les trophées ne résistent pas à l'usure du temps, et ils ne disent pas grand-chose de ta vérité profonde. Tes failles et tes blessures sont infiniment plus parlantes. En as-tu pris soin sans coquetterie ni fausse pudeur ?

Enfin, vide ton grenier pour distinguer tes ombres selon leur utilité. D'un côté, il y a des ombres dorées, qui sont des trésors enfouis et inexploités : ta timidité cache une vraie humilité ? Ton épuisement professionnel atteste une vocation tacite ? Bravo ! Tu n'as qu'à élever ton niveau de conscience pour assumer ces ombres dorées, et les honorer au quotidien. De l'autre côté, il y a aussi des ombres sombres tapies en toi : ces moteurs secrets qui te font agir sont parfois plus noirs qu'il y paraît. Est-ce une raison pour te voiler la face ? Ton engagement humanitaire fait partie d'une stratégie de communication ? Ton refus d'accorder ce rendez-vous reflète ta susceptibilité maladive ? En n'ignorant pas ces calculs et ces faiblesses, tu te donnes les moyens d'y renoncer. Quand tu n'es pas dupe de toi-même, ton amour propre en sort grandi.

Comment mettre de l'ordre dans sa vie

Tu peux expérimenter le dialogue intérieur pour mettre au diapason les diverses ombres qui coexistent en toi. Inspiré des travaux de Carl Gustav Jung, forgé par Hal et Sidra Stone, le dialogue intérieur repose sur l'hypothèse que nous sommes tous parcourus par des sous-personnalités, qui s'accordent plus ou moins bien entre elles. En les identifiant, en les honorant dans leur diversité et leur spécificité, tu peux « accueillir tous tes Je ». Ici, les frontières professionnelles et privées n'ont pas lieu d'être, il s'agit de faire de la place pour chacun des « moi » qui sont en toi. Es-tu capable de dresser une liste de tes sous-personnalités à l'œuvre à ce moment précis de ta vie ? Selon un protocole qui serait long à développer ici, tu as le loisir de leur donner la parole alternativement ; es-tu prêt à les écouter ? Entre la manager, la mère de famille, l'épouse, la petite fille, l'entrepreneur, l'artiste, etc., tu vas découvrir qui prend le plus de place en toi, qui est à la peine et qui a des choses à t'apprendre.

Dans la vie professionnelle et dans la vie privée, tu commences à mettre en lumière tes ombres. Mais la lumière aussi a besoin de l'ombre : sinon, qu'est-ce qui ferait obstacle à l'éternel retour de tes cycles de vie ?

Face au miroir réfléchissant

Installe-toi debout face à un miroir où tu vois la plus grande partie de ton corps. Respire profondément et regarde attentivement ce que projette le miroir.

Peux-tu énumérer tout ce qui te vient spontanément à l'esprit ?

....

....

Repères-tu les jugements (positifs ou négatifs) dans ton énumération ?

....

....

Quelles ombres sombres cela te fait-il contacter quant à ton amour propre ?

....

....

Quelles ombres dorées as-tu oubliées dans ta liste ?

....

....

On apprend plus de ses errements que de ses succès

Chacun est foncièrement identique dans la vie privée et dans la vie professionnelle

Plus on est lucide sur ses ombres, plus on est compréhensif avec les autres

ROMPRE LES CYCLES RÉPÉTITIFS DE CARRIÈRE

« *Nous sommes ce que nous faisons de manière répétée. Aussi l'excellence n'est-elle pas un acte mais une habitude.* »
Aristote

VÉCU

Comment trouver sa voie professionnelle ? Actuellement, les jeunes qui entrent sur le marché du travail vivent de façon exacerbée le même désarroi que toute la population active. Quand les perspectives sont incertaines, la vocation semble anachronique : il s'agit de trouver un emploi, pas de réaliser un rêve. Au nom du pragmatisme, nous apprenons à nous résigner à trouver un gagne-pain. Les tests et grilles d'orientation nous renseignent sur les métiers et les filières existantes. Mais qu'en est-il de l'adéquation entre ces mondes possibles et nos dispositions intrinsèques ? Faut-il avoir un plan d'attaque rationnel ou s'en remettre au hasard des rencontres de la vie ? Ni l'un ni l'autre ! En renonçant à la notion de carrière, nous découvrons la volupté de travailler en pleine conscience. La clé d'un parcours professionnel réussi consiste à décoder nos programmations inconscientes.

« Il est bon de suivre sa pente, pourvu que ce soit en montant », disait André Gide. Comme beaucoup, j'ai choisi des études et non un métier. Généraliste mais sans passion pour une matière, j'avais le syndrome du bon élève, dans un bon lycée avec des classes préparatoires réputées. À 17 ans, notre drame se résume à l'alternative « conforme ou non conforme ? ». Plutôt que de feindre un choix prématuré, nous gagnons à décrypter le plus tôt possible les mécanismes de répétition qui nous gouvernent dans nos histoires personnelles.

D'un côté, je suis voué à accomplir certains gestes professionnels parce qu'ils sont inscrits en moi de longue date. Ma seule représentation du monde du travail se résuma longtemps aux divers jobs de vendeur, de serveur et d'employé de bureau que j'ai exercés – j'y ai plus appris sur la tyrannie des petits chefs et sur l'ennui abyssal du travail posté que dans tous mes cours de sciences humaines. La représentation du travail est comme une langue maternelle : elle colore nos croyances, forge nos évidences, et crée la réalité que nous habillons ensuite d'ambition ou de talent. Nous sommes plus sûrement influencés par nos expériences premières du travail que par nos formations initiales et continues. Nos gestes archaïques dessinent une carte au trésor à notre insu, de rencontres déterminantes en « purs moments » : dans *Les Mains d'Hermès*, le beau documentaire d'Isabelle Dupuy-Chevant et Frédéric Laffont consacré aux artisans et métiers d'art de la célèbre maison de luxe, les témoignages sont nombreux de vocations nées de gestes répétés en pleine conscience : un ancien chanteur lyrique devenu coupeur sur cuir parce qu'il aime faire chanter les peaux, un verrier qui fabrique du cristal et dont le frère jumeau étudie les cristaux en physique, une coloriste dont l'enfance était déclinée en noir et blanc… Et vous, connaissez-vous l'archéologie intime de votre vocation professionnelle ?

D'un autre côté, je suis le produit d'une histoire familiale et d'un *habitus* qui ont structuré mon être au monde. J'aime décrire le coaching comme une profession libérale libertaire, cela me vient de mon père dentiste d'une part, et de toute une mythologie familiale d'autre part (« docteur est un métier que l'on peut exercer partout »).

Il n'est pas besoin de côtoyer les dynasties de polytechniciens, d'HEC et d'énarques pour se convaincre que notre tendance « naturelle » consiste à travailler de père en fils. La tendance à reproduire le schéma inscrit en nous est telle-ment prégnante que la méritocratie s'y brise régulièrement. Mais ce n'est pas une fatalité ! Plus je suis en conscience des schémas du passé qui ont forgé mon histoire familiale, moins je suis agi par eux. J'ai renoncé à faire médecine mais j'ai un doctorat et je suis une espèce de thérapeute d'entreprise. Et vous, quel est votre ADN professionnel ?

> « Nous sommes plus sûrement influencés par nos expériences premières du travail que par nos formations initiales et continues. »

Le monde du travail actualise l'inégalité devant la reproduction sous toutes ses formes, sociale, psychologique et familiale. La reproduction nous enseigne que si nous ne prenons pas notre vie en main, nous risquons de rejouer la seule partition que notre capital social nous a attribuée, adoptant les mêmes réflexes que nos parents et les transmettant à notre tour à nos enfants. Il en faut moins pour fabriquer des malédictions professionnelles. J'ai longtemps été hanté par la reproduction sous toutes ses formes ; le coaching est pour moi une façon de conjurer cette plus grande pente. La vie professionnelle se décline en trois temps : spécialisation initiale, promotion dans la filière, répétition d'un cycle de vie jusqu'à l'obsolescence. Que faire ?

Comme on dit en constellations systémiques, « je peux faire pareil, je peux faire autrement ». En travaillant en pleine conscience de ces schémas de répétition du passé, je m'affranchis du déterminisme psychosocial. Je mesure ce qui m'est donné et ce qu'il me faut bâtir seul, je découvre qu'il n'y a pas de solution miracle ni de scénario gravé dans le marbre. Certains héritiers dépassent leur aïeul, certains autodidactes se fourvoient en fuyant leur origine. À chaque instant, nous avons la possibilité de serrer ou de détendre le nœud de nos *patterns* professionnels. Dans mes changements successifs de poste et d'employeur, qu'est-ce que je répète inlassablement ? Dans mes antiennes en entretien annuel d'appréciation, qu'est-ce qui entretient ma plainte à l'envi ? Dans mes peurs face à l'avenir de mon travail, quelles sont mes loyautés envers des fantômes du passé ?

ZOOM

Et si, au lieu de conduire ta carrière comme on joue un disque rayé, tu improvisais ton morceau favori du juke-box ?

Produire ou reproduire ?

Tu devines le passif que tu portes malgré toi : certains acquis heureux, d'autres dont tu te serais volontiers passé. Mais il y a des zones obscures : pourquoi as-tu si peur de la faillite alors que ton business est florissant ? D'où viennent ces accès de rage sur tes collègues pour des causes apparemment insignifiantes ? Comment expliquer que certaines situations de stress te paralysent ?

Explore ton héritage transgénérationnel. Prends un instant pour revisiter les événements professionnels de ton histoire familiale : que faisait ton ascendant de même sexe à l'âge que tu as aujourd'hui ? Quels souvenirs te reviennent par libre association avec ta situation actuelle de travail ? Les constellations systémiques sont un outil à ta disposition pour te libérer de ces syndromes de répétition, tu peux les pratiquer en groupe ou en individuel avec un professionnel. Elles te permettent de représenter le système énergétique dans lequel tu es pris, souvent familial, avec les vivants et les morts. Tu seras invité à reconnaître ce qui doit l'être et à réparer ce qui peut l'être, notamment par trois actes sacrés :

- t'incliner pour honorer et reconnaître les êtres qui ont besoin d'être vus ou remerciés ;

- rendre aux autres ce qui leur appartient et qui t'entrave dans ta vie présente ;

- dire oui à ce qui est là, en acceptant sans condition et en incluant ce qui a été rejeté.

As-tu noté des manifestations physiques face à des stress professionnels ? Ton corps a probablement « engrammé » des informations anciennes qui ont à voir avec des scénarios que tu rejoues. Tu peux trouver le sens de ces symptômes avec diverses disciplines qui élargiront ton champ de conscience : Feldenkrais, décodage biologique, lectures akashiques et d'autres méthodes, pourquoi pas ? Prosaïquement, la question consiste à savoir pour qui tu roules professionnellement. As-tu repéré des phénomènes répétés à dates anniversaires dans ta carrière ? Quelles pathologies même légères coïncident avec ton nouvel environnement de travail ? Quelle loi d'airain es-tu en train de perpétuer en prenant telle orientation ?

Impressions de déjà-vu

Tu peux repérer la structure interne des choix professionnels qui t'ont construit jusqu'à aujourd'hui.

Primo, il y a des épisodes qui se répètent. Ta réaction face à l'adversité, ton rapport au risque, ta résistance au stress, etc., sont autant d'algorithmes de carrière qui s'enclenchent chaque fois, pour le meilleur ou pour le pire. Prends un instant pour repérer les routines dans ton fonctionnement, nomme les réflexes que tu adoptes, rapproche les attitudes que tu empruntes de personnes de ton entourage auxquelles tu ressembles malgré toi. Les mêmes causes entraînant les mêmes effets, tu peux identifier quelques lignes de force dans ta trajectoire : liberté/obéissance, risque/sécurité, plaisir/devoir. Comment vas-tu décliner les prochains événements, en conscience des chausse-trappes du passé ?

Secundo, le temps d'une carrière n'est pas linéaire. Certains disent que nous avons des cycles de vie multiples de 7. Il y a des personnes qui changent tous les trois quatre ans de travail, d'autres à qui il arrive un événement majeur tous les quinze ans. Quel rythme scande ton CV ? Es-tu au seuil d'un nouveau défi, ou la date de péremption de ton job actuel est-elle dépassée ? En trouvant ton métronome professionnel, tu seras plus serein quant à ton état du moment, plus apte à relativiser les événements en les inscrivant dans un mouvement plus vaste de ta vie.

Tertio, le destin avance masqué. Tes regrets et tes rancunes passées ne sont pas que des ombres, elles sont aussi le creuset de ton accomplissement. Tout fait sens dans ton parcours, les échecs d'hier sont peut-être le moteur de demain. Oublie les erreurs de trajectoire et les incidents de parcours, l'essentiel est de sentir si tu es resté fidèle à ta flamme. Quand tu portes un regard sur le monde qui t'entoure, tu peux entendre une promesse secrète que tu t'es faite il y a longtemps, un appel d'être qui vient de loin, un sentiment d'évidence qui fait battre ton cœur plus intensément : telle est la place à laquelle tu es voué. Si l'écart entre cette vocation intime et ta vie matérielle te semble immense, que tu as renoncé de longue date à changer de voie, pose-toi la question suivante : comment rester au contact de cet état de plénitude, indépendamment de la forme professionnelle qu'il prend ? Ta vocation n'est pas une forme-pensée (« je me suis juré d'être pompier ou institutrice, me voici chargé d'affaires dans un centre d'appels »), mais une présence à ce qui t'est essentiel (« je suis porteur d'un sens du dévouement et de l'altruisme »). À tout instant, tu peux actualiser cet état interne et le vivre intensément, quelles que soient tes conditions de travail.

Saisir sa chance

En lisant ce livre, tu as fait tien le principe de plaisir : si tu poses un acte dans ta vie, c'est que tu y trouves un bénéfice, éventuellement secondaire. Es-tu prêt à renoncer à la plainte que ton travail soit routinier ? As-tu bien pesé le confort que cela représentait pour toi de répéter ces scénarios malheureux ?

Si c'est le cas, je t'invite à accueillir l'imprévu en toutes circonstances. La carrière n'a de sens qu'en flash-back, et tu es loin d'écrire tes mémoires professionnels, n'est-ce pas ? Le quotidien t'offre des centaines d'occasions d'infléchir le parcours tracé, si tu y prêtes attention.

D'une part, regarde les contrariétés comme des occasions de prendre des risques mesurés en te laissant bousculer par les aléas. Prends-les comme un test de ton ouverture, une mise à l'épreuve de ta disposition à réinventer ta feuille de route. Qu'advient-il de ta carrière quand tu fais pleinement confiance aux rencontres providentielles et que tu sors de tes propres sentiers battus ?

D'autre part, sois en veille sur ton marché. Ton CV n'est plus à jour ? Tu n'as pas actualisé ton profil sur les réseaux sociaux que tu fréquentes ? Non seulement tu dégrades ta désirabilité sociale, mais tu sabotes ta vitalité professionnelle. Même si ton travail actuel te passionne, le processus d'observation du marché du travail te mettra sous une tension positive. Au lieu de te laisser anesthésier par tes propres ruminations, tu peux garder un œil tourné vers ton travail actuel et ouvrir l'autre vers un ailleurs possible.

Es-tu prêt à renoncer au somnambulisme de la gestion des carrières ? La conscience professionnelle en éveil va te guérir de l'urgence.

Connaître sa stratégie de réussite

Comme l'enseigne la programmation neurolinguistique (PNL), chacun a des scénarios de réussite. Pense à une question majeure que tu te poses actuellement sur ton orientation professionnelle.

Prends un instant pour revisiter les choix clés qui t'ont amené jusqu'ici à réussir dans ton travail et dans ta vie. Énumère l'un après l'autre quatre événements que tu te remémores comme des réussites manifestes. Note soigneusement les étapes successives, les émotions associées et la chronologie du début à la fin.

Quels points communs observes-tu dans les facteurs déclenchants de ta réussite ?

....

....

Qu'est-ce qui te fait basculer chaque fois d'une étape à une autre ?

....

....

Comment vas-tu répondre à ta question d'orientation majeure du moment ?

....

....

Reproduire, reconnaître, réparer : 3 modalités possibles de l'expérience de la vie

Vouloir faire carrière, c'est s'enterrer vivant

Plus on connaît ses cycles de vie, plus on sait pour qui l'on roule

GUÉRIR DE L'URGENCE AVEC LE MOMENT PRÉSENT

« Toujours et jamais, c'est aussi long l'un que l'autre. »
Elsa Triolet

VÉCU

« Je n'ai pas le temps ! » Combien de fois par jour prononçons-nous cette phrase ? Le rythme de la vie active nous plonge dans une course permanente où rares sont ceux qui maîtrisent leur agenda. Cadres et non-cadres sont désormais accros à l'urgence. Comment en sortir ?

Nous courons le marathon professionnel comme si c'était un sprint. Absorbé par le faire, nous en oublions d'être présents au moment présent. Travailler vite nous fait gagner en productivité, qui est une conquête de temps libre et de richesse pour tous. Mais travailler vite nous met aussi dans le syndrome du hamster qui court tant que sa roue tourne. La vitesse me grise, mais les départs arrêtés me fatiguent : en « zappant » les sas de repos entre deux moments intenses, je me prive de la récupération nécessaire pour tenir la distance.

Il y a plusieurs stades de *burn-out*, le premier est un surmenage fréquent chez les consultants et les managers stressés. La réunionite est une maladie chronique en France, dont on ne dénonce pas assez les effets néfastes : lourdeur de décision, usure de concentration. Mais nous continuons car l'urgence entretient notre sentiment d'importance. Les héros contemporains sont les pompiers et les médecins urgentistes, nouveaux Prométhée enchaînés au non-sens collectif. Au fond, est-ce si important de se croire important ? Chaque fois que j'alimente cette fuite dans l'urgence, je me coupe de l'essentiel : le sens large de ma problématique immédiate. Cela nourrit mon ego, mais cela me sépare d'un sentiment d'évidence plus vaste, où je peux être encore plus efficace en vivant la fluidité professionnelle : vision plus détachée, acceptation des temps morts qui donnent libre cours à l'intuition créatrice de solutions. Renoncer à être important pour épouser le mouvement du vivant, c'est un peu comme passer du rôle de plombier à celui d'architecte. Notre contribution est différente, pas moins précieuse.

> « Renoncer à se sentir important pour épouser le mouvement du vivant, c'est un peu comme passer du rôle de plombier à celui d'architecte. »

Nous avons vu au chapitre 4 combien le règne de la quantité nous coupe de la pleine conscience professionnelle. Quant à moi, l'activisme me conduit toujours à d'amères victoires sur moi-même : plus j'agis de façon soi-disant désintéressée, plus j'espère une approbation ou une reconnaissance qui, naturellement, ne me comble jamais tout à fait. Les empathiques sont-ils voués à être déçus par autrui ? Je crois qu'en guérissant de mon obsession d'agir vite, je me relierai davantage au monde ici maintenant.

Ce n'est pas tant que mon besoin d'utilité soit vain, mais il m'entraîne sur une pente de pompier pyromane.

Cultiver l'action juste sans jouer les sauveurs providentiels ne va pas de soi. Les technologies de l'information accélèrent les cycles de travail, et donnent même l'illusion que l'on peut abolir le temps et l'espace. Et si la grande illusion était celle de gérer son temps ? L'expression d'emploi du temps suppose que c'est une denrée limitée, qui ne nous appartient pas. Nous faisons l'expérience de trois formes de temps. Comment vivre ces trois temps en pleine conscience ?

Primo, le temps biologique est celui qui s'impose naturellement à nous : c'est le temps de nos rythmes physiologiques. Quel soin ai-je de mon besoin de dormir, de boire et manger, de m'allonger ou de marcher ? Ai-je conscience de ma chronobiologie en fonction de mon âge, de la saison et du climat ? Pour sortir d'un agenda de robot, il me faut revenir aux fondamentaux des besoins humains.

Secundo, le temps normé est celui de la vie en société, il est le marqueur culturel de nos équilibres de vie. Travailler de jour ou de nuit, en semaine ou le week-end, rester connecté à ses e-mails ou débrancher son téléphone portable en vacances, autant de rites et de codes sociaux qui influencent notre perception d'avoir du temps ou pas. Que signifie le cadre contractuel de mon temps de travail ? Qu'ai-je changé dans mon traitement des urgences en passant à temps partiel, en télétravail, ou en devenant nomade occasionnel ? Pour cesser de subir le temps social, je dois revisiter les interdits et transgressions qu'il me donne à vivre. Personnellement, je fais l'entreprise buissonnière en pleine conscience quand mon agenda se libère à l'improviste, au lieu de remplir ce vide par une nouvelle urgence. Et vous ?

Tertio, le temps élastique est celui de notre perception intime : deux heures de réunion avec son patron n'a pas la même durée subjective que deux heures au cinéma. Le temps est ce que l'on en fait. Reconquérir son temps de travail suppose donc d'en prendre conscience, et de se détacher du temps linéaire et neutre de l'horloge. En physique quantique, le temps n'est pas une donnée fixe. Le miracle de la pleine conscience se joue précisément ici : en pénétrant dans le moment présent où le passé et l'avenir sont comme suspendus, j'accède à l'éternité. David Deida parle d'« illumination instantanée ». Quand je médite en arrivant au travail, je développe une acuité plus grande au monde, sans être encombré par les hier, les demain, les tout de suite et les « ASAP » qui m'assaillent en général. Cet état de concentration ample, le psychologue américain Les Fehmi l'appelle l'« *open focus* », que l'on peut traduire par une attention ouverte. Comment sortir de l'urgence profession-nelle par l'« *open focus* » ?

ZOOM

Quitter les urgences

Selon Les Fehmi et Jim Robbins, coauteurs de *La Pleine Conscience*, il y a quatre types d'attention :

- **l'attention étroite** est celle de notre conditionnement éducatif et scolaire. Nous nous fixons alors sur un nombre restreint de sensations, absorbés par le contenu. Elle nous met dans un comportement alternatif d'affrontement ou de fuite ;

- **l'attention diffuse**, *a contrario*, est une lecture holistique de la situation. Comme en photographie, elle privilégie la profondeur de champ par rapport à la netteté d'un point. Elle nous permet de piloter un projet ou une réunion en intégrant simultanément plusieurs paramètres, comme on conduit un véhicule ;

- **l'attention objective** consiste à se distancier de la situation abordée. C'est ce qui permet de traiter des situations difficiles au travail sans se sentir personnellement mis en cause ;

- **l'attention immergée** consiste à s'impliquer dans la sensation associée à la situation vécue. Comme l'attention diffuse, l'attention immergée mobilise l'hémisphère droit du cerveau, quitte à s'oublier soi-même tellement une tâche nous absorbe.

Tu peux prendre conscience de ta faculté d'attention ouverte en mobilisant simultanément plusieurs de ces quatre modes dans la vie professionnelle. Sans doute es-tu le plus souvent en attention objective-étroite, comme tout le monde. Mais tu peux te décoller de ce fonctionnement privilégié, et entraîner ton cerveau à une attention flexible, conjuguant des modes apparemment opposés. Peux-tu repérer dans quel quadrant d'attention se déroule le plus clair de ton temps professionnel ?

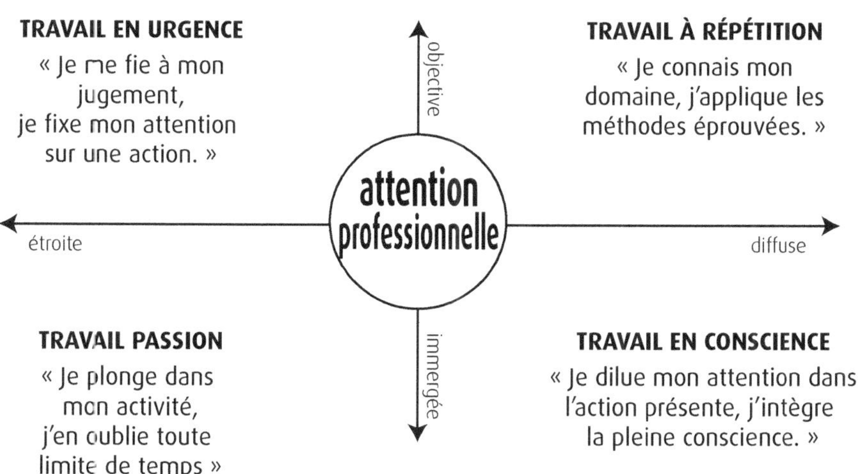

Les 4 formes d'attention au travail

Fréquenter les philosophes du temps présent

Il n'y a pas de recette miracle de gestion du temps : tu as sans doute déjà épuisé les méthodes logiques pour séparer l'important de l'urgent, jetant à la poubelle les dossiers en dessous de la pile pour la simple raison que tu ne les traiteras jamais ! Mais ton stress quotidien n'en est pas diminué. Je te recommande la fréquentation des philosophies pour temps incertains que sont le stoïcisme et l'épicurisme. Contemporaines du cynisme, ces sagesses individuelles sont hantées par la question du temps. Si la mort est ta hantise, Sénèque, Épictète et Marc-Aurèle, ou Plutarque, Épicure et Lucrèce t'aideront à l'apprivoiser en t'absorbant dans le temps présent, ici maintenant. Bien que rationalistes et matérialistes, l'une ou l'autre de ces sagesses sont des portes de sortie du diktat de l'urgence. Comment les mobiliser dans le contexte professionnel ?

D'une part, tu peux cultiver ton plaisir sans attendre. Nul ne peut faire longtemps une tâche qui lui répugne sans y trouver un sens positif. Regarde ce dossier qui prend toute ton attention actuelle : quelles satisfactions annexes, mêmes triviales, peux-tu t'accorder, en les amplifiant même ? Quels menus plaisirs essentiels peux-tu goûter en marge de ton activité dévorante ? Quelles récompenses naturelles peux-tu savourer régulièrement sans t'infantiliser ?

D'autre part, tu peux traverser la pénibilité de certaines tâches sans t'y noyer pour autant : garder la tête froide, penser que chaque dossier difficile trouve nécessairement une issue – ton expérience professionnelle l'atteste, n'est-ce pas ? – et relativiser les tracas actuels sont des exutoires efficaces face à l'urgence. Comment peux-tu saisir la futilité de ton drame professionnel, qu'il soit heureux ou malheureux ? Comment peux-tu contacter un enjeu plus essentiel dans ta vie que cette tâche et t'y tenir ?

Enfin, tu peux saluer l'éthique que tu t'es forgée à l'occasion de cette réflexion. Toute action est éthique en soi, la succession d'urgences dans ton agenda te le fait oublier parfois. Un retard critique sur un de tes projets, un arbitrage entre deux options avec des conséquences humaines et financières, une annonce managériale que tu redoutes… Au lieu de te précipiter dans l'action, prends un instant pour cerner la question morale qui t'est posée : que perçois-tu de vrai derrière le vraisemblable ? Quel est ton fil directeur derrière les tactiques et jeux de rhétorique ? Que se passerait-il si tu n'agissais pas du tout ?

Suivre le mouvement du présent

Cette dernière question est cruciale, en ce qu'elle te fait renoncer à l'illusion de toute-puissance sur les événements extérieurs. Le temps te file entre les doigts, le moindre aléa de santé ou de marché anéantit tous tes plans, et tu voudrais encore contrôler ton action ?

Plutôt que la désinvolture et l'hyperactivité, qui sont deux variations d'un même ego, je t'invite à suivre le mouvement profond du moment présent. Quand tu t'abandonnes pleinement à ce que tu fais, que tu y mets ton cœur et ton âme sans autre finalité, tu vois surgir une plénitude intérieure qui résulte de ton accord avec le mouvement plus général de l'univers. Cela te paraît farfelu dans la vie professionnelle ? Focalise-toi sur le prochain rendez-vous ou dossier qui te préoccupe dans ton travail, et ressens profondément l'émotion que cela suscite chez toi, sans y mettre de jugement. Prends le temps de respirer en conscience, comme nous l'avons expérimenté au premier chapitre. À cet endroit précis, le stress occasionné par cette tâche n'a aucune réalité, ce n'est qu'une illusion mentale ! En étant pleinement présent à cet instant, tout simplement, tu mets de l'espace interstitiel entre toi et ton objet. Les trois heures que tu appréhendes d'y passer n'existent plus ou pas encore. Tu peux alors laisser se répandre en toi cet *état* de plénitude, avant d'*agir* en urgence. Cet état de calme intérieur, rien ni personne ne peut t'en priver. Comme un sportif de haut niveau avant un match important, tu entres au contact d'une puissance intérieure permanente, où tu puises ton énergie de l'action. En respirant dans cet espace hors du temps, tu es en pleine possession de tes moyens. Avant une réunion difficile ou une présentation clé, rien ne peut altérer ta lucidité dans ce moment présent, c'est cela l'antidote de l'urgence. Fort de ce mental de champion, la prochaine étape est-elle de te comparer aux autres ?

Être attentif à la conscience professionnelle

Voici un exercice pour t'intérioriser et trouver un mode d'attention diffuse-immergée dans ton quotidien professionnel, inspiré de la méthode d'« open focus » de Les Fehmi.

Pense à une situation professionnelle que tu dois traiter en urgence. Intériorise-toi en prenant trois respirations profondes, les yeux ouverts et assis dans une position digne, puis identifie le flux de pensées que cela t'occasionne.

....

....

Peux-tu imaginer l'espace dans lequel se déploient ces pensées dans ton corps ?

....

....

Peux-tu identifier les sensations et perceptions présentes qui environnent tes pensées ?

....

....

Peux-tu imaginer l'espace qui sépare tes pensées et ces sensations, et te centrer dessus ?

....

....

Peux-tu à présent intégrer ta conscience d'être présent à cet espace, avec une attention égale ?

....

....

Peux-tu imaginer faire ton travail urgent en conscience de cet espace élargi ?

....

....

Les temps morts sont ceux où l'on peut être pleinement vivant

Passer de la quantité à la qualité est une façon de se guérir de l'urgence

La vitesse est une drogue qui nous prive de la conscience de nos limites

RENONCER À LA COMPARAISON DANS SON ÉQUIPE

*« Nous nous rendons pitoyables ou nous nous rendons forts.
La quantité de travail à fournir est la même. »*
Carlos Castaneda

VÉCU

La concurrence est désormais au cœur de notre quotidien professionnel : non seulement à l'extérieur sur des marchés ouverts, mais aussi à l'intérieur, pour l'obtention d'un poste ou d'une reconnaissance supplémentaire. Coopération versus conflit est une dialectique constante de la course après la réussite. Que nous apprend la rivalité professionnelle sur notre humanité en actes ? Comment distinguer l'émulation saine du poison de la compétition ? Y a-t-il un autre jeu possible en entreprise ?

Avec Caïn et Abel, enfants d'Adam et Ève, le récit biblique inscrit la rivalité dans la relation fraternelle. René Girard fait du désir mimétique la matrice des sociétés violentes, ayant recours au bouc émissaire pour liquider leur violence. Pourquoi les livres de management d'équipe taisent-ils ce phénomène alors que je l'observe systématiquement dans tout coaching d'équipe ? Envie, convoitise et jalousie fleurissent sur le terrain des peurs archaïques. Si je n'ai pas reçu assez de sécurité maternelle ou de regard paternel protecteur dans les premiers temps de ma vie, je vais nourrir un sentiment de manque originel. Une sœur aînée faisant les frais de parents trop fragiles dans leur propre identité verra immanquablement dans son petit frère un obstacle à l'affection dont elle a été privée, un rival dans son besoin d'amour inconditionnel. Nos aînés sont-ils nos enfants préférés ? Pas spontanément, tant nous les chargeons du poids de nos névroses transgénérationnelles. Les études, la réussite sociale et la carrière professionnelle offriront ensuite des terrains propices pour rejouer cette injustice subie, pour tenter de réparer ce déséquilibre affectif. Être vu, connu et reconnu, être le premier de la classe sont des motivations professionnelles dont les racines plongent dans les liens du sang, notamment fraternels.

> « Être vu, connu et reconnu est un moteur dont les racines plongent dans les liens du sang, notamment fraternels. »

Tout commence en se comparant les uns aux autres : les garçons pour dominer, les filles pour séduire, nous sommes tentés de regarder si les autres ne seraient pas mieux pourvus ou mieux traités que nous. Or, la comparaison n'est jamais utile en développement professionnel : la tentation de m'étalonner aux autres me rend dépendant d'une image sociale, au lieu de me concentrer sur l'épanouissement de mon génie propre. Certes, l'entreprise a besoin d'évaluer pour distribuer la richesse le plus équitablement possible entre ses collaborateurs. Dans le travail comme dans le sport, la compétition apporte incontestablement l'énergie du dépassement. Mais elle nous infantilise aussi dans une quête infinie de récompense. Comment en sortir ?

D'une part, la comparaison ne fait qu'enfler mon ego, par essence insatiable. Convoiter le bonus, le poste ou le statut d'un collègue me détourne de mon chemin personnel. Ce souci de l'ego est sans fin, il alimente des venins tels que l'envie, l'amertume ou l'esprit de vengeance. Croire qu'il me manque quelque chose dont des concurrents seraient dotés, c'est ignorer mon enjeu propre, en le déplaçant sur l'autre de façon passive. Pour m'affirmer de cette manière, qu'ai-je tendance à nier en moi ?

D'autre part, la réputation n'est pas un moteur interne, c'est un critère externe, *a fortiori* éphémère et spéculaire. L'engouement pour les réseaux sociaux fait de la popularité un sésame de réussite, aux dépens d'une recherche plus obscure et plus profonde. En me protégeant du verdict d'autrui, client ou supérieur hiérarchique, je travaille à ma croissance personnelle. Quel bénéficie ai-je à être moins visible que les autres ?

Enfin, la comparaison cache ma peur de ne pas y arriver tout seul. « Quand je me considère, je me désole ; quand je me compare, je me console. » Oui, mais pas pour longtemps, sommes-nous tentés de répondre à Talleyrand. La conscience malheureuse de mon existence est toujours plus intéressante à regarder en face, plutôt que de se contenter d'un médiocre comparatif. La comparaison est une mauvaise réponse à une bonne question, celle de ma valeur intrinsèque. Il y a, au-delà du sentiment de jalousie envers autrui, l'illusion d'être lésé ou relégué au second plan. Cette chimère me prive d'une confiance en toute circonstance. Par quoi puis-je remplacer le sentiment de jalousie qui m'étreint et me paralyse ?

Nous sommes tous des enfants « uniques », mais peu d'entre nous en sont persuadés. Dans mon travail, je me soucie moins de ma valeur relative que de ma valeur absolue : en tant qu'adulte, à qui ai-je à prouver quelque chose, sinon à moi-même ? Le temps que je passe à scruter la concurrence est un gaspillage aux dépens de mes talents enfouis. J'aime à dire que je n'ai pas de concurrents, je n'ai que des confrères, et que nous sommes chacun dans une expression irréductible de nous-mêmes, le reste étant une comédie humaine, dont il s'agit de n'être pas trop dupe. Je crois que le seul antidote au poison de la comparaison professionnelle, c'est d'accepter la partie fondamentalement inconsolable de moi-même que la présence d'un concurrent ravive chez moi. L'autre jour, un client directeur financier posait le dilemme suivant : avait-il raison d'embaucher une professionnelle plus aguerrie que lui dans son équipe, alors qu'il était en attente d'un poste de direction générale qu'elle convoitait aussi ? Face à sa candeur et son autosabotage, que valaient ses principes d'intérêt supérieur de l'entreprise ? Reconnaître et accepter ce conflit intérieur, c'était déjà se focaliser sur soi et non sur l'autre. Ce faisant, il eut peu à peu de la gratitude pour la présence de cette « rivale », révélant ses doutes et de ses envies propres.

En somme, plutôt qu'un *benchmark*, mes collègues et concurrents m'invitent à m'apprécier d'une façon plus détachée, et à voir le cadeau derrière le piège : aimer ses ennemis professionnels, pour découvrir en soi une soif de bonté.

ZOOM

Trouver son métronome intérieur

Contrairement à une idée répandue, les conflits sont salutaires, dans le travail comme ailleurs. Ils te revitalisent en dénouant des non-dits. Comment renoncer à la comparaison sans se couper du besoin d'équité qui la sous-tend ?

D'abord, sois ton propre champion. Es-tu sûr de l'épreuve après laquelle tu cours ? À y regarder de près, tu n'es pas dans la même course que les autres : ton histoire, ton chemin de crête, tes rêves sont strictement incomparables – voire incompréhensibles pour les autres. Quand tu t'estimes sous-évalué ou que tu trouves autrui surdimensionné, tu découvres dans le même temps la vanité de ces querelles. Après une convention houleuse ou un entretien décourageant, plutôt qu'être amer ou vindicatif, prends conscience du bénéfice *pour toi* de cette situation : qu'es-tu prêt à abandonner comme trophées chimériques pour embrasser ta vocation, quitte à demander une mobilité interne, ou revisiter ton attachement à cette organisation ?

Ensuite, envisage ton opposant comme un épouvantail. Ce collaborateur récalcitrant ou ce client irritant n'est pas sur ta route par hasard. Prends le temps de saluer ce qu'il te donne à vivre, y compris comme turpitudes. Tu te croyais immunisé contre ce genre de contrariétés, et voici qu'un revers professionnel te meurtrit par surprise. Cette humiliation volontaire te rend plus clairvoyant et plus indulgent, ce n'est que ton ego qui gémit, sans conséquence. Au lieu de maugréer, regarde en toi ce qu'un compagnon d'infortune te permet de dépasser comme vieilles blessures. Il y a fort à parier que tu n'es pas sur sa route par hasard non plus…

Enfin, prends appui sur l'énergie du conflit. Tu peux choisir de t'endurcir ou de t'adoucir quand surgissent ces démons fratricides. Ces déconvenues professionnelles agissent comme un révélateur de tes moteurs profonds, l'envie d'en découdre réveille ton appétit de progrès personnel, bravo ! Tu peux éprouver ta sagesse au temps que tu mets à rebondir positivement hors de ton orgueil. Alors s'ouvre un espace de conscience élargie, incluant « l'adversaire », comme dit Emmanuel Carrère.

Transformer ses ennemis en adversaires

Et si tu prenais soin de tes ennemis au lieu de les diaboliser ? Les commerciaux savent à quel point la concurrence stimule la performance, les sportifs savent qu'il est plus efficace de respecter son adversaire que de le haïr. Par opposition à l'ennemi qu'il faut mettre à terre, un adversaire te permet de te mesurer à ta propre grandeur.

D'un point de vue tactique, tu peux faire de tes ennemis actuels de solides alliés futurs si tu fais un pas vers eux : se rapprocher de celui qui te menace est une ruse politique que tu peux employer sans l'humilier pour autant : si tu les traites comme des sujets en soi et non comme un moyen à ton service, tes obligés t'en sauront gré. Pense un instant au différend actuel qui t'oppose à un partenaire, fournisseur ou client, interne ou externe. Au lieu d'une relation stérile de bras de fer où chacun campe sur sa position, accueille le lien qui s'est tissé *de facto* entre vous ; qu'il se manifeste positivement ou négativement n'y change rien, vous fabriquez de la relation humaine ensemble. Comment y trouver du bien ?

D'une part, regarde la jalousie comme une forme dégradée d'admiration. Elles procèdent du même mouvement quand vos egos ne l'entravent pas, un élan d'hommage et de reconnaissance. Alors, à quel interlocuteur dans ton travail vas-tu vouer ton admiration sans borne aujourd'hui ?

D'autre part, donne à l'autre ce dont tu as le plus besoin. Si tu transformes l'énergie de reproche en gratitude, tu peux témoigner aux autres ce que tu aimerais qu'ils fassent envers toi. Si tu manques de feedbacks, donnes-en ! Si tu n'as pas de mission clairement définie par ta hiérarchie, fixes-en à ton équipe ! Tu crées ainsi un champ d'action favorable à ce que tu souhaites, et l'effet boomerang est garanti.

Enfin, ressens la compassion que t'inspirent tes adversaires. Si tu te laisses aller à comprendre leur logique propre, tu vas découvrir un point à partir duquel tu peux concilier deux référentiels, le tien et le leur. Cet exercice n'efface pas la compétition professionnelle en surface, mais il fait apparaître un lieu d'où les choses prennent un sens plus grand : la pérennité de l'équipe, l'attention au client final, la communauté de pratiques avec l'autre, etc. Cet espace est celui de la compassion pour tous les êtres, englobant tes failles et celles des autres. Installe ce point dans ton cœur, pour faire alliance avec l'énergie adverse, comme en arts martiaux.

Composer un bouquet de talents

Te voici arrivé à une lecture nouvelle de la dynamique d'équipe : la comparaison n'est là que pour t'inviter à une « *reflective awareness* », un miroir tendu vers tes propres conflits internes pour les dépasser à chaque occasion. Comme remplacer « toi/moi » par « nous » ?

D'un côté, tu as la faculté de t'accommoder des membres de l'équipe dès lors que tu reconnais en toi ce qu'ils matérialisent dans le fonctionnement quotidien : celui qui n'est jamais d'accord, celui qui rêve de solutions impossibles, celle qui met son grain de sel. Au lieu de t'en agacer, tu peux dire intérieurement : « D'accord ! » Et imperceptiblement, en prêtant moins le flanc au sarcasme ou à l'indifférence, tu vas peu à peu les trouver changés. En fait, n'est-ce pas plutôt ta conscience professionnelle qui s'est élargie ?

De l'autre côté, tu dilues ta spécificité dans la totalité de l'équipe. Quand tu cesses de te faire remarquer, de briller pour faire l'intéressant, tu vois la diversité et non la différence entre les membres de ton équipe. Tu te relies à une présence invisible, plus attentif à ce qui se passe entre les personnes qu'à chaque personne au sein de ton projet ou de ta direction. Au lieu de regarder ce qui divise, regarde ce qui réunit. À la place des oppositions, vois les complémentarités. Si tu es manager, la puissance collective dépend de l'huile de bienveillance que tu mets dans les rouages de l'exécution des tâches. « Il n'y a pas de canard boiteux, il n'y a que des canards qui boitent », me disait un jour un confrère et ami.

En sortant de la comparaison, tu accèdes à une bienveillance plus grande pour toi et pour les autres, un bain de compassion dans lequel la question même « c'est lui ou moi » ne se pose plus. Te voilà incomparablement plus libre. Mais le prix de ta liberté est de te soustraire au confort de la plainte, qui entretient tes peurs. Es-tu prêt à traverser ta peur ?

Amour ou preuves d'amour ?

Voici un exercice réservé exclusivement aux lecteurs en mal de considération, qui s'estiment injustement traités ou méconnus dans leur environnement social.

Parmi les personnes de ton entourage proche, professionnel et personnel, prends un instant pour contacter intérieurement ceux auxquels tu tiens particulièrement.

Comment décrirais-tu le lien qui vous rapproche ?

....

....

Quelles preuves as-tu de ce lien au quotidien ?

....

....

Que vas-tu faire dans les prochains jours pour diriger ton attention sur le lien plutôt que sur les preuves du lien ?

. . . .

. . . .

La vie professionnelle est une course où chacun est seul face à soi

On peut lutter avec ses adversaires plutôt que contre eux

Une équipe est performante quand ses membres sont incomparables

MOURIR POUR RENAÎTRE PROFESSIONNELLEMENT

*« Si tu pouvais t'anéantir toi-même, ne serait-ce qu'un instant,
tout ce qui réside dans le mystère incréé du dedans de toi-même
t'appartiendrait en propre. »*
Maître Eckhart

VÉCU

En apparence, le travail est une occupation qui nous divertit en attendant la retraite. Rien ne semble plus étranger à la mort que le monde professionnel : croissance, performance, progrès continu… L'entreprise prolonge les rêves de grandeur et d'immortalité de ses dirigeants. Ancien consultant, je me suis longtemps adonné à l'ivresse du travail pour vivre vite et sans temps morts. Et un jour, j'ai fait le constat suivant : le travail ne conjure pas la mort, il nous y exerce.

La mort fait partie de la vie, *a fortiori* professionnelle. Toutes les organisations sont mortelles, certains projets avortent, et toute carrière a une fin, plus ou moins brutale et douloureuse. Le travail est le miroir déformant de nos existences, ni plus ni moins mortifère. Au quotidien, nous sommes confrontés à quantité de morts symboliques, petites et grandes, qui sont autant d'occasions de revisiter le rapport à la mort qui nous taraude tant. À chaque interruption dans mon travail, à chaque erreur d'aiguillage, une partie de moi souffre et meurt. Quitter un poste, de mon plein gré ou pas, m'occasionne toujours un processus de deuil. En général, c'est mon ego qui s'effrite : la tentation d'être indispensable, irremplaçable, est une tentative dérisoire de nier la mort au travail. Dérisoire, parce que c'est perdu d'avance, au rythme où vont les organisations amnésiques. Puis-je envisager que ma contribution professionnelle est d'être de passage ? En acceptant de laisser une part de mon ego dans chaque épisode professionnel passé, j'ai grandi intérieurement. En perdant de ma superbe, j'ai souvent gagné de la liberté et de la densité. Il faut savoir perdre pour gagner, et voir la bonne nouvelle au cœur des déconvenues. Je me souviens de m'être effondré quand j'ai opté pour le conseil en management, ne trouvant pas de financement pour ma thèse de doctorat en entreprise. J'avais 24 ans, j'étais persuadé que la recherche universitaire était mon *nirvana*, et l'entreprise une perdition. J'avais souffert comme chef de projet dans une usine électrique, je rêvais une carrière à lire, écrire et enseigner. J'étais sincère et désespéré. Rétrospectivement, cet effondrement m'a été salutaire pour mourir à mon adolescence et entrer dans la vie adulte. Chaque démission, chaque bifurcation de carrière me fait revivre un mouvement ontologique de la vie, où la mort est un processus vivant.

> « La tentation d'être indispensable est une tentative dérisoire de nier la mort au travail. »

« L'enfant qui quitte le ventre de sa mère fait le deuil de la protection maternelle, mais il gagne l'enfance. L'enfant qui quitte l'enfance et son insouciance perd l'enfance, mais il gagne l'adolescence. L'adolescent qui perd son adolescence avec son élan impétueux gagne la force de l'adulte. L'adulte qui perd la force de l'adulte gagne la vieillesse et son repos. Le vieillard qui meurt perd la vie, mais il est délivré de tout. Il gagne la délivrance. Délivré de tout, il n'est rien. Mais rien, il est Tout. Il est dans la vie universelle. […] Si personne ne mourait, l'humanité remplie de vieillards ne pourrait plus survivre[5]. »

Qu'est-ce que faire carrière, sinon accomplir une succession de morts, de mues, de transmutations pour peu à peu accoucher de sa vocation ? Nous passons notre vie à mourir à nos faux-*selfs*, à nos chimères égotiques pour rencontrer l'autre qui gît en nous. Vergely évoque la mort comme une altération qui fait surgir aussi une altérité radicale : si je ne laisse pas mon travail me changer, alors ma compétence se tarit. Les pannes d'essence dans mon travail ne sont jamais graves en soi, elles me branchent sur des blessures anciennes dont le vécu est encore douloureux. D'où la peur du changement, peur de ne pas m'en remettre si je dois repasser par les mêmes épreuves : le rejet, l'oubli, la honte, le néant, la folie… À chacun ses démons professionnels. Connaissez-vous les vôtres ?

Autrement dit, si la mort est un processus de transformation nécessaire et porteur de revitalisation, c'est la peur de mourir qui nous fait souffrir et nous paralyse. Quand la blessure est trop vive, je m'accroche à mon refus de transmuter et je souffre encore plus. Cela n'est pas inéluctable : la compassion et l'amour sont à notre portée à tout instant. En pleine conscience, j'ai le pouvoir de convoquer une présence intérieure face à ce qui menace mon intégrité. Cette lumière intérieure brille mieux dans les ténèbres. De Victor Frankl à Primo Levi, de Bruno

---

5. Bertrand VERGELY *in* Marie de HENNEZEL et Bertrand VERGELY, *Une vie pour se mettre au monde*, Carnets Nord, Livre de poche, 2010, p. 71.

Bettelheim à David Rousset, les témoignages des rescapés des camps de la mort attestent une vérité commune : quand la pulsion de mort envahit tout, la conscience de la vie est toujours là, instrument de ma résistance « face à l'extrême ». « J'ai décidé de considérer la brève période qui me reste à passer ici comme un cadeau inespéré, un moment de vacances », écrit Etty Hillesum. « Ces derniers jours, je traverse la vie comme si j'avais en moi une plaque photographique enregistrant sans faillir tout ce qui m'entoure, sans omettre le moindre détail. J'en ai conscience, tout s'engouffre en moi avec des contours bien découpés[6]. »

Faire une croix sur un projet auquel je tiens, vivre la lassitude d'un travail pourtant convoité, se remettre d'un licenciement injustifié… Chaque fin d'épisode professionnel est une épreuve d'initiation, une mort symbolique porteuse de sens caché. La peur n'éloigne pas le danger, elle atteste que je suis face à un rendez-vous important avec moi-même. Quand je m'accroche à la situation passée, je me prive hélas de l'enseignement que la mort symbolique recèle pour moi : la joie première du détachement et de l'envol vers mon autonomie, la découverte qu'un espace prometteur m'attend ailleurs, l'expérience de résilience dans mes cellules au-delà des injures subies. Si je traverse ma peur en acceptant que quelque chose de mon ambition ou de mes convictions meure sur l'autel irrationnel du travail, je vois au-delà des événements douloureux un trésor d'épanouissement personnel : aurais-je éprouvé la solidité de ma motivation si je n'avais touché le fond à plusieurs reprises ? Aurais-je eu le courage d'écrire si je n'avais expérimenté tant d'incompréhension dans mon enfance ? Aurais-je rencontré ma vocation si je n'avais traversé l'ennui abyssal de mes études ?

La carrière est un cycle de morts successives, une « mutation intérieure » pour s'éveiller à soi. À chaque accomplissement matériel dans ma vie, passé la satisfaction immédiate, je

---

6. Etty HILLESUM, *Une vie bouleversée*, Seuil, Points, 1985, p. 167.

m'attends désormais à chuter et perdre pied, inéluctablement. C'est à ce prix que je change, débarrassé des objectifs funestes qui m'encombraient.

ZOOM

Le salaire de la peur

La chose la mieux partagée du monde du travail n'est hélas pas le bon sens mais la peur : et si tu avais davantage peur du succès que de l'échec ? Tu connais peut-être le célèbre texte de Marianne Williamson écrit pour Nelson Mandela : « Notre peur la plus profonde n'est pas que nous ne soyons pas à la hauteur, notre peur la plus profonde est que nous sommes puissants au-delà de toute limite, c'est notre propre lumière et non pas notre obscurité qui nous effraie le plus. Nous nous posons la question : "Qui suis-je, moi, pour être brillant, talentueux et merveilleux ?" En fait, qui êtes-vous pour ne pas l'être ? »

Chaque fois que tu meurs de peur dans ton travail, tu te trouves à un carrefour : soit tu fuis l'enjeu derrière la peur, soit tu fais face. Ta peur n'est que la porte qui mène à ce qu'il t'est donné de transformer dans ta vie. Si tu fuis, tu ajoutes à la peur la honte, la culpabilité ou le déni. Si tu fais face, ton ego va être écorné, mais il s'en remettra. La peur est partout dans nos motivations apparentes.

Si tu tiens à ton emploi, tu peux avoir peur d'une disgrâce, d'un désaveu voire d'une sanction disciplinaire. Comment peux-tu rassurer ton enfant intérieur en panique, et oser désobéir ?

Si tu tiens à ton salaire, tu peux avoir peur de manquer ou peur du déclassement. Le poids de la pauvreté des ancêtres est parfois obsédant. Comment peux-tu revisiter ton histoire familiale et voir les fantômes de ruine et de misère ?

Si tu tiens à ton équipe et à tes prérogatives managériales, tu peux avoir peur de trahir, de décevoir – ou d'être trahi ou déçu. Quel combat livres-tu exactement quand tu endosses un rôle de justicier ?

Si tu tiens à tes convictions comme à la prunelle de tes yeux, tu peux avoir peur de faillir, de n'être pas à la hauteur de la situation. Quelle statue du Commandeur te gouverne comme une marionnette ?

Rien n'est fatal dans le monde du travail, ton pire ennemi est en toi, c'est la peur comme immense empêchement de ta confiance en la vie. Oublie un instant les stéréotypes de pression sociale, et imagine ce qui arriverait si tu perdais ton emploi, concrètement : quelle force intérieure contacterais-tu pour rebondir, quelles promesses de *tabula rasa* remettrais-tu au goût du jour, quels sentiments inédits de dénuement et de tolérance aurais-tu le loisir d'éprouver ? Parfois, le travail est une prison dorée qui t'évite de poser des questions essentielles sur tes aspirations. N'attends pas la retraite pour te réaliser professionnellement !

La carrière, une série de morts successives

Le mot même de retraite évoque une reculade face à l'abîme, une débâcle militaire. Mais tu peux aussi faire un pas en arrière pour prendre ton élan. Dans toutes les transitions professionnelles, entre deux projets ou entre deux emplois, tu appréhendes sans doute les trous d'air : comment passer d'un mode (hyper)actif à un rythme de (pré)retraité ? Comment justifier aux yeux de ta famille ton désœuvrement passager ? Faut-il éviter la dépression ?

Au lieu d'accélérer cette phase inconfortable à tout prix, je t'invite à en éprouver tous les bénéfices : te voilà disponible pour une *vita contemplativa*, regarde les personnes qui t'entourent, dis-leur la gratitude que tu leur portes d'être présents dans ta vie, abandonne-toi à la volupté du repos mérité… Je parie que tu n'auras pas de culpabilité tellement cette conscience élargie te soulagera. Et si jamais tu traverses une dépression, accueille-la comme une occasion d'approfondir le sel de ton existence, sans peur. Je connais nombre de professionnels que la dépression a guéris d'une vie sans saveur, augmentant leur perception des choses subtiles et basiques de l'existence : l'esprit de camaraderie, l'amour familial, la sérénité intérieure, etc. Comment procéder ?

D'une part, tu peux t'entraîner à mourir à des parties de ton ego, comme des peaux mortes que tu abandonnes au fil des saisons professionnelles. Dans des moments difficiles, tes larmes sont un accès bien plus utile à la pleine conscience que tous les replâtrages rationnels. Quels honneurs chimériques, quelles querelles vaines peux-tu laisser derrière toi en quittant cette entreprise ou en ratant ce contrat avec un client ?

D'autre part, tu peux traverser la peur, ne pas t'y attarder. L'instant où tu sautes du plongeoir est inconfortable, mais il est infiniment moins long que le plongeon ou la nage proprement dits. Il y a une vidéo disponible sur YouTube intitulée « *Dare !* » (« Ose ! ») provenant d'une publicité étrangère où l'on voit une femme faire un pas en arrière dans diverses situations qui l'effraient, puis un pas en avant dans les mêmes situations. Le contraste est saisissant. Ta peur est comme une coquille d'œuf qui fut certes pleine un jour, mais que tu peux aujourd'hui briser sans risque, en pleine conscience. Le courage est une vertu qui s'apprend, le monde du travail t'en offre mille et une occasions. Demande-toi un instant : « Quel est le risque que j'encours ? » Bien souvent, c'est le saut dans l'inconnu face au confort du connu. La pire des stratégies étant de subir en se voilant la face, tu peux regarder les scénarios possibles : création d'entreprise, formation en vue d'un changement radical d'orientation, activation de ton réseau professionnel en confiance… En parler à tes proches, élaborer des plans, tester certaines options sont des façons de traverser la peur qui te saisit.

Enfin, les moments de mort professionnelle sont des moments de solitude ; la peur d'être seul n'épargne aucun entrepreneur… Or tant que tu n'as pas été face à toi-même, à tes ombres notamment, comment savoir si tu connais réellement tes moteurs ? On meurt seul, alors autant s'y préparer dans des occasions relativement indolores. Peux-tu prendre quelques jours seul, au vert, avant un arbitrage professionnel majeur ? En approfondissant ton monde intérieur loin de l'agitation du travail, tu seras face à tes démons, mais aussi à tes anges gardiens. Faire une retraite pour préparer sa retraite n'est d'ailleurs pas absurde…

Apprendre à vivre et mourir

Que l'on soit athée ou croyant, la mort est le mystère de la vie, origine de notre besoin irrépressible de représentation. Quand ton travail t'épuise, te met à bout, comment y voir une occasion de t'entraîner à mourir ?

D'abord, tu peux éviter de porter un jugement hâtif sur tel ou tel scénario de sortie – d'un projet, d'une entreprise, d'un pacte d'actionnaires, etc. Sur le moment, tu es aveuglé par des sentiments contradictoires, c'est souvent des années plus tard que tu pourras dire si tes regrets et tes remords étaient justifiés. Quand la machine professionnelle s'arrête ou s'emballe, si tu cultives ta présence à cet instant présent, tu découvriras des états internes très puissants : un soulagement inattendu, une détresse en écho à la tienne, une indifférence saisissante… Autant de moments à vivre en pleine conscience, sans autre intention que d'accueillir le temps mort, ici maintenant. L'issue vient toujours si tu te laisses déciller.

Ensuite, tu peux repérer ta courbe d'expérience du mûrissement professionnel : en voyant que certains événements extérieurs te traumatisent moins qu'hier, tu actes aussi ton cheminement de sagesse professionnelle. Plus libre dans ton cœur, tu y vois plus clair et te blesses moins longtemps. Chaque mort symbolique est un baromètre de ta vitalité.

Enfin, tu peux intégrer la vacuité dans ton action : cultiver des moments *off* en plein rush, oser prendre un congé sabbatique, accepter les baisses de régime de tous les corps subtils, voilà un programme qui rapatrie la mort dans la vie professionnelle. En passant d'une conception figée à une dynamique du travail, tu verras se succéder des moments de perte et de gain, de perte et de gain, et ainsi de suite. C'est l'alternance qui fait le flux de ta carrière, tu n'es plus accro à l'adrénaline ni hanté par la déprime. Seul face aux changements incessants de ton travail, te voilà semblable à des millions de collègues. Es-tu prêt à faire leur connaissance de l'intérieur ?

Négocier son départ

Qui ne connaîtra pas dans son parcours professionnel une période de chômage, subie ou voulue ? Autant s'y préparer corps et bien.

Il ne s'agit pas des aspects matériels que tu sauras confronter le moment venu. Voici quelques questions pour anticiper ton prochain départ du poste que tu occupes. Imagine que c'est aujourd'hui…

Quel morceau de ta vie meurt en quittant ton travail actuel ?

. . . .

. . . .

Comment envisages-tu de faire le deuil de tout ce qu'a signifié pour toi cette partie de ta vie ?

....

....

De quoi as-tu le plus peur à cet instant ?

....

....

En respirant en pleine conscience, vois-tu ce que cache cette peur ?

....

....

Comment vas-tu te préparer à ce moment fatidique où l'histoire professionnelle s'achèvera ?

....

....

La mort, tabou absolu du travail, fait partie de la vie professionnelle

La peur du changement est aussi une peur de vivre pleinement sa vie

Le travail ne prémunit pas contre la fin de carrière, il nous y prépare

FAIRE CONNAISSANCE AVEC AUTRUI EN CHAQUE OCCASION

VÉCU

Nous travaillons les uns à côté des autres, pas vraiment les uns avec les autres : l'organisation est une ruche où chacun est dans son alvéole, étanche aux problèmes des autres, tellement les siens l'encombrent déjà. Et si cette frontière entre moi et autrui était illusoire ? La pleine conscience nous enseigne que notre moi séparé d'autrui n'est qu'une construction du mental. Avoir une conduite professionnelle humaniste, c'est faire sienne la maxime de Montaigne : « Chaque homme porte en lui la forme entière de l'humaine condition. » Comment rencontrer profondément autrui comme une partie de moi-même, sans dissoudre pour autant mon identité propre ?

La rationalisation du travail est en marche, les gains de productivité qu'elle induit rend inéluctable l'uniformisation des entreprises. Le taylorisme est en train de réaliser l'utopie bureaucratique, réduisant toutes les situations au travail à des algorithmes, des procédures et des tâches automatisées et informatisées. Quand je vois les espaces de travail de mes clients et qu'ils me racontent leur agenda, l'irruption des process de gestion dans tous les projets, je pense à Jacques Tati et je songe que le facteur de *Jour de fête* a perdu la partie. Et puis je revois *Playtime*, et je me dis que rien n'est perdu, en fait !

Car toutes nos externalités, toutes les technologies de l'information ne parviennent jamais à éliminer tout à fait le facteur humain. C'est dans l'interstice entre les systèmes prédéterminés, les opérations mécanisées que la vie s'infiltre et resurgit à tout instant. Et il suffit que la machine se grippe pour que la relation humaine refasse surface : les machines sont faites pour nous trahir, nous savons cela depuis Frankenstein : déjà, Mary Shelley et les romantiques du XIXe, reprenant le mythe du Golem, pressentaient que l'intelligence artificielle ne nous immuniserait jamais contre la fragilité humaine. Les ordinateurs sont plus utiles quand ils tombent en panne que lorsqu'ils fonctionnent, car ils permettent alors de sortir de la matrice du fonctionnement automatique et déprogramment les œillères du mental. Là où les process ne fonctionnent pas, l'humanité peut fleurir dans les relations professionnelles ; quand une réunion est en retard et qu'on découvre l'humanité qui nous entoure et la vacuité des urgences qui nous occupent, quand un contrat est dénoncé par un client et qu'on éprouve sa dépendance à ce dernier ou pas, quand un système expert nous lâche et qu'on sent la solidarité sous-jacente dans l'équipe. Faut-il désirer des grains de sable au travail pour stopper la mécanique du néant ?

Je suis un névrosé obsessionnel, ce qui me protège sans doute de maladies mentales plus graves. Plus je travaille, plus j'alimente mon sentiment d'utilité au monde. Je peux passer une journée absorbé dans mon travail, sans voir mes collègues ni mon assistante. Mais plus je me coupe des autres, plus j'ignore le lien qui nous relie inéluctablement, me condamnant à une performance tragique, solitaire et vaine.

L'efficacité seule m'assèche, si je ne suis pas relié. Le lien à autrui est aussi une « reliance » à l'Autre, à cet espace plus grand que lui et moi et qui nous réunit : une certaine conscience du travail accompli face à un concurrent, une forme d'intérêt général entre des équipes aux intérêts divergents, une commune humanité en somme qui transcende l'objet matériel en jeu. Le philosophe et théologien Martin Buber, précurseur d'Emmanuel Mounier et d'Emmanuel Lévinas, disait que « toute vie réelle est rencontre » ; le travail n'y échappe pas. Quand je passe d'une relation du *Je-cela* qui chosifie l'autre (« j'ai intérêt au bien-être de mon collaborateur ») à une relation *Je-Tu* (« je me laisse surprendre par la rencontre avec mon collaborateur et par l'effet qu'il produit sur moi »), j'expérimente une présence plus intense et plus dynamique à mon entourage professionnel. Le *je* n'existe pas sans le *tu*.

Mais rencontrer autrui est périlleux. Ma faculté ou non de regarder dans les yeux est le baromètre instantané de mon consentement à l'altérité. Quand je renonce à faire connaissance avec autrui, je restreins mon champ de vision du monde, je me replie sur l'illusion d'autosuffisance. Car l'autre me renvoie toujours à une part de moi-même qui me dérange, on l'a vu aux chapitres 9 et 12. Parfois, j'éprouve une fatigue réelle à sortir de ma bulle égotique, d'autant que le monde du travail a son lot croissant de relations humaines électriques.

> « Là où les process ne fonctionnent pas, l'humanité peut fleurir dans les relations professionnelles. »

Faire connaissance avec autrui dans son travail, c'est renaître autrement : je découvre que l'autre traverse les mêmes turpitudes que moi, ou je prends appui sur ses failles pour cerner les miennes, ou encore je me laisse aller à l'ouverture du cœur qui infuse la rencontre en pleine conscience. Là où s'estompe la frontière entre moi et autrui, il reste l'être-en-relation, organe vivant du travail collaboratif.

Quand as-tu rencontré *vraiment* un collaborateur, un manager, un client pour la dernière fois ? Que s'est-il passé en toi au moment où tu as senti sa qualité de présence ? As-tu salué en conscience l'hôtesse d'accueil ce matin en arrivant au bureau ? As-tu regardé réellement le serveur ce midi quand il vous a apporté votre repas ? Feras-tu attention à l'équipe de ménage ce soir en quittant ton lieu de travail ? Aucune rencontre n'est insignifiante, le mépris est une forme d'indifférence à autrui qui nous éloigne du plus précieux de nous-mêmes, la présence à l'instant présent.

ZOOM

Le feedback, simple comme « bonjour ! »

Avec le feedback, tu disposes d'un instrument absolu. Plus immédiat que la messagerie instantanée, plus motivant que le *quarterly business forecast* et plus juste que la *people review* ! Le feedback consiste à te laisser imprégner par l'impact qu'autrui produit en toi et à faire cadeau à autrui de cette perception, en discernant ce qui relève de ta projection de ce qui parle profondément de l'autre. Nous donnons peu de feedback authentique à autrui, sans doute parce que nous en recevons peu. Qu'est-ce qui te permet d'amorcer la pompe ?

D'une part, tu peux t'entraîner à regarder profondément ton entourage professionnel, être parmi eux et pas seulement à côté d'eux. Plus la personne t'est proche et plus le feedback sera difficile à donner, car tu prends un risque en lui disant ses « quatre verités ». Tu peux noter intérieurement les signes convergents que t'inspire un coéquipier, tu peux aussi repérer ce qui renvoie à tes propres ombres et ne formuler que l'épure du feedback, au service de l'autre : tu décèles sa peur derrière son agressivité, un talent qu'il ignore *in situ*.

D'autre part, tu peux choisir le bon moment, le bon endroit et la bonne personne pour formuler ton feedback. Et bannir l'e-mail et la réunion d'équipe pour adresser ton feedback. Quand tu es en pleine conscience de l'autre, de toi et de ce qui vous relie, la forme est plus importante que le fond : prends soin de détendre ton visage, d'avoir une respiration ample, de poser une question ouverte plutôt que d'asséner directement ton feedback. « Est-ce que je peux te donner un feedback ? » est en soi une façon de respecter inconditionnellement ton interlocuteur, en toute sincérité (si tu distingues une réponse négative, verbale ou non, peux-tu édulcorer le feedback que tu comptais lui faire ?).

Enfin, tu peux demander à ton tour qu'il te donne du feedback. Cet outil est contagieux, et la qualité du lien grandit à mesure que tu le pratiques. Il y a une certaine volupté à recevoir un feedback de cœur à cœur, dénué de jugement et de sous-entendu, n'est-ce pas ? Qui mieux que celui ou celle à qui tu as parlé avec ton cœur peut te donner du feedback ? Cette qualité de lien peut se tisser à tout moment, sans aucun prétexte. Quel est le risque de faire connaissance plus profondément avec tes collègues de travail ?

Comment érotiser le travail

Tu sursautes en lisant ces lignes, craignant l'ambiguïté des relations de travail. S'il est question de désir dans toute relation humaine, il ne s'agit pas de passer à l'acte. Tu peux doser ton investissement affectif avec les personnes que tu côtoies et découvrir que l'essentiel est de faire quelque chose du désir dans le champ professionnel pour mieux connaître tes motivations. Certains membres de l'équipe ne te laissent pas indifférent ? Voici comment procéder en pleine conscience, loin du sordide.

Primo, il y a un jeu du même ordre que la parade nuptiale dans tout comportement sexué, et tu peux le décrypter chez autrui pour n'être pas dupe de ton inconscient. Au-delà des logiques de séduction et de domination, tu peux choisir une stratégie érotique dans ton travail de « dépersonnalisation », pour reprendre les termes de Gilles Deleuze. Avec un niveau de conscience plus élevé, tu découvres la maturité relative des relations professionnelles, et tu t'émancipes de faux-semblants érotiques (« mon patron ne m'aime pas », « ce client me mangerait dans la main », « j'adore travailler avec des femmes », etc.).

Secundo, tu peux doser le désir professionnel, le ressentir et le verbaliser en conscience de toi-même. Es-tu au clair avec les fantasmes qui surgissent avec tel ou telle collègue, et ce qu'ils racontent de toi plus largement ? Vois-tu que les personnes que tu crois détester ou apprécier relèvent parfois d'une seule et même dynamique ? Comment peux-tu composer intérieurement avec les passions que tu perçois ici ?

Tertio, tu peux éprouver la vitalité du lien avec autrui en sentant profondément que personne ne te laisse indifférent si tu prêtes une attention consciente à chacun. Ton potentiel relationnel est immense, que tu sois extraverti ou non. Indépendamment des dossiers qui t'occupent et de l'historique des projets auxquels tu participes, peux-tu te laisser polliniser par ceux et celles avec lesquels tu interagis ? Sens-tu grandir le climat de bienveillance autour de toi, à mesure que tu prêtes une attention sincère aux autres ?

Inclure ou exclure le maillon faible ?

C'est bien joli tout cela, mais que faire des coups bas avec les concurrents et des querelles inter-services qui sont peut-être ton lot quotidien ? Est-ce raisonnable de faire le pari de la confiance au milieu des *snipers* professionnels ?

Faire connaissance avec autrui est un mouvement de va-et-vient entre deux expériences : d'un côté, l'expérience séparée de moi et autrui, et de l'autre l'expérience unifiée d'une pleine « reliance » à un moi total. Nous oscillons sans cesse entre les deux moments, et c'est l'entre-deux précaire de la relation qu'il s'agit d'accueillir.

D'un côté, tu peux vivre des instants de communion intense, à l'occasion d'un temps fort sur un projet ou d'un dialogue à bâtons rompus inattendu, et te laisser traverser par des sensations de joie et d'évidente connexion aux neurones-miroirs des autres (*cf.* chapitre 19). Cela commence par t'entourer de partenaires professionnels avec qui ce lien opère et t'éloigner de ceux qui t'aliènent. Cette « reliance » n'est jamais acquise, même par une pratique de méditation assidue. Mais si tu sais la reconnaître dans la vie, tu y retourneras plus facilement quand elle se représentera professionnellement. Ce faisant, tu insuffles de la « reliance » dans tes relations de travail.

De l'autre côté, tu peux aussi vivre des moments où tu as perdu ce fil ténu, et où tu t'emploies à convaincre d'un argument, à défendre un territoire. Dans cette réalité-là, il y a moi et l'autre. Comment rester en pleine conscience au milieu de ces moments de séparation ?

Tu peux voir chez l'autre une partie de toi-même, comme dans le chapitre 9 sur les ombres. Peux-tu intégrer cette part de l'autre en toi, métaboliser presque un mode d'être plus vaste qui inclut l'autre dans ta logique, au lieu de le rejeter ?

Tu peux remercier l'autre qui n'est jamais sur ton chemin professionnel par hasard. Quand tu te coupes du lien avec l'autre, c'est de peur d'être anéanti ou effacé par l'autre. Cette peur vient de loin, elle a un fort pouvoir de persuasion sur les organisations, elle produit les divisions, les territoires et les positions inconciliables, mais c'est un artefact du mental : c'est toi qui donnes un pouvoir à autrui de te détruire, en donnant libre cours à la croyance équivalente. Qu'as-tu à apprendre au contact de ce manager difficile, de ce subordonné qui t'est étranger, ou de ce fournisseur que tu ne comprends pas ?

Tu peux écouter ton besoin inconditionnel de considération. Renoncer à comprendre ou à être compris par les autres, c'est impossible ! Quand tu es séparé de cet état de pleine conscience professionnelle, tu es dans l'illusion d'exister séparément des autres partenaires de ton quotidien. C'est un besoin insatiable de ton ego, il n'y a rien à comprendre à cette impulsion qui croit t'affirmer en niant autrui. Traverse ces pensées en silence, sans t'y accrocher, elles n'ont pas plus de réalité que les histoires que se racontent tes voisins de travail. Au-delà de l'envie d'avoir raison, d'être entendu, d'être confirmé ou approuvé dans ton rôle, tu prends conscience qu'il y a un manque originel, la nostalgie d'un état de plénitude, d'un point de stabilité dans ton être au monde : « si seulement je levais le malentendu avec le chef de service voisin », « j'aimerais créer un climat serein dans mon travail », « je me demande comment fait X pour sembler si détaché ».

La considération, c'est être sidéré ensemble. Étymologiquement, être considéré, c'est regarder ensemble les étoiles briller (et c'est la même racine que le verbe désirer). Enfermé comme les autres dans ton alvéole de réalité professionnelle, tu peux rejoindre les personnes qui t'entourent dans une présence à cette séparation, ce manque de l'unité première. Comment faire ? Tu peux utiliser les « quatre mantras de vraie présence » formulés par Thich Nhat Hanh pour retrouver le lien avec autrui et avec Soi. Je t'invite à les exprimer en pensant à ton proche collègue, client ou partenaire, dans une respiration consciente :

- « je suis là pour toi » ;

- « je sais que tu es là, et je suis heureux » ;

- « je sais que tu souffres, c'est pourquoi je suis là pour toi » ;

- « s'il te plaît, aide-moi ».

Donner ce dont on a le plus besoin : l'instant sacré du feedback

Dans ton contexte professionnel, imagine que tu es devant la personne qui t'est la plus proche, par affinité ou par nécessité. En t'intériorisant, voici un chemin d'ouverture que tu peux pratiquer vers elle, vers toi, et vers l'entre-deux entre elle et toi.

Quel feedback aimerais-tu entendre de cette personne à ton sujet ?

. . . .

. . . .

Quel feedback de cette même nature peux-tu lui donner en étant sincère ?

. . . .

. . . .

Que se passe-t-il en toi lorsque tu énonces à son intention ce feedback ?

....

....

Plutôt que de compréhension, nous avons besoin de considération professionnelle

Le feedback est l'instrument absolu de la confiance

La qualité de présence est une compétence managériale oubliée

VOIR LA BEAUTÉ AU CŒUR DES CRISES

« L'amour est descendu par amour dans ce monde sous forme de beauté. »
Simone Weil

VÉCU

La crise s'est installée dans notre monde, à l'extérieur comme à l'intérieur : crise économique, crise financière, crise de nerfs : travailler, c'est désormais prendre un risque psychosocial. Ce n'est pas tant la crise qui est dangereuse, mais la peur qu'elle nous inspire : peur du harcèlement ou de l'épuisement, du chômage ou du déclassement. Et si l'antidote de la crise était en nous ? Ce chapitre explore comment, en changeant mon regard, je peux changer le monde qui m'entoure, à chaque instant.

Personne n'aime les crises car elles déstabilisent, et l'entreprise aime les bonnes habitudes. J'ai connu des moments où tout s'effondre, professionnellement comme personnellement. J'y ai appris que toute crise est une crise de foi. Quand mes certitudes vacillent, je suis face à un choix élémentaire : avoir peur ou faire confiance ? Il ne s'agit plus de confiance en soi, mais en quelque chose d'ineffable, plus grand et plus petit que soi : la providence, la vie, sa bonne étoile, son ange gardien, etc. Vivre une crise est parfois la seule façon d'expérimenter le lâcher-prise. J'ai commencé à aimer les crises dans ma vie quand j'ai compris qu'elles étaient une occasion de m'ouvrir à une autre lecture des choses, de mourir pour renaître comme on l'évoquait au chapitre 13. La crise est un formidable révélateur. Comment traverser la crise, y trouver un bénéfice sans s'y attarder ?

> « La crise est parfois la seule façon de nous faire expérimenter le lâcher-prise. »

C'est le 11 septembre 2001 que j'ai décidé de quitter mon dernier employeur. Je me souviens de la déflagration intérieure qu'avait provoquée en moi l'attaque terroriste aux États-Unis. Je ne pouvais plus travailler ni réfléchir, j'étais à l'affût d'Internet pour vivre la tragédie, avec une conscience aiguë que le monde basculait dans une autre ère, sentant la communion avec mes clients et amis qui auraient pu se trouver dans le World Trade Center, et la compassion avec les victimes des attentats. Quand je vis mon patron rentrer de déjeuner avec un de ses clients, et ironiser à l'annonce de la nouvelle, sans changer son agenda, j'ai perçu instantanément ce qui nous séparait. C'est aussi le 11 septembre 2001 que j'ai décidé que je voulais un enfant. Le lendemain j'avais 30 ans et je me suis dit : « Si le monde implose, alors la vie est le seul combat qui vaille la peine. » C'était irraisonné et grandiloquent, mais ce fut une des plus belles décisions de ma vie.

Chaque fois que je traverse ma peur de l'inconnu, que j'accepte la douleur dans mon ego, une perspective plus sereine s'ouvre à moi : une difficulté inattendue me fait expérimenter le regret, la déception ou le sentiment d'injustice. C'est douloureux, mais jamais insurmontable. La crise m'apprend la résilience et le dépassement de soi. Je découvre des forces insoupçonnées, je relativise les événements et je suis plus attentif aux autres. Savoir que j'ai déjà vécu des épisodes de désarroi m'aide à affronter les suivants : j'apprends la patience, la confiance inconditionnelle et l'acceptation de ce qui est là. La crise n'éprouve pas seulement notre endurance, elle nous invite aussi à la pleine conscience, paradoxalement en plein brouillard intérieur. J'aime beaucoup le *koan* zen qui dit « sous la pluie voir le soleil, dans le feu s'abreuver à la source vive ». Quand mes forces m'abandonnent, ce genre de phrases m'aident à tenir bon et à lâcher prise, deux mouvements apparemment inconciliables. Accepter à la fois l'inconfort de la crise, et garder le feu sacré quant à la sortie de crise, inéluctable. Et vous, quel est votre credo contre vents et marées ?

Du point de vue de l'impermanence, quand je suis au cœur de mon incertitude, l'état de non-crise semble dérisoire, parfois même indésirable. La morsure de l'épreuve me décille les yeux, elle est une occasion d'y voir plus clair dans mes priorités. Quand je suis face à des enjeux forts, l'accessoire et l'essentiel s'inversent dans ma vie. Brusquement, rappeler ce client semble vain comparé à trouver une respiration calme et ample ; programmer mes vacances devient insupportable quand je suis au contact d'une blessure trop vive.

« Pourquoi ne me rappelle-t-il pas ? Qu'est-ce qui lui prend de me traiter comme cela ? Quand cesserai-je d'être une éponge absorbant la violence d'autrui ? » Toutes les crises, professionnelles ou non, convergent vers la question abyssale, fondamentale et singulière que nous nous posons chacun dans notre vie : un besoin d'amour total, une quête de liberté insatiable, une exigence de vérité absolue… Cet endroit où je perds pied m'est familier, inquiétant mais vivifiant aussi. Personnellement, il s'agit d'une nostalgie inconsolable de l'unité avec Tout, et chaque fois que je m'y cogne à l'occasion d'un accroc de l'existence, c'est toujours aussi douloureux.

Mais j'y trouve aussi une clé essentielle : contempler la beauté en toute circonstance.

Quand rien ne va plus dans mon travail, qu'une angoisse m'étreint et que j'ai épuisé tous les expédients de gestion du stress, il me reste à m'asseoir simplement face à la fontaine du jardin du Palais-Royal, et à me laisser aller à la contemplation de ce qui est là : une lumière particulière, l'air qui entre et sort de mon corps, les sourires et les bribes de phrases saisis au gré de mon attention. Cela ne résout rien, mais cela produit en moi une légère variation vers la beauté immuable des êtres et des choses. En m'orientant vers un point fixe, je peux épouser le mouvement de la crise sans croire qu'elle va m'emporter avec elle. La crise n'est qu'un passage, un état insaisissable et sans doute insupportable pour une partie de nous-mêmes. Mais le mouvement accéléré des crises dans le monde nous incite à trouver davantage de stabilité à l'intérieur de nous-mêmes, dans un étrange balancier du changement. La beauté des crises réside dans ce mouvement vers la grâce face au chaos. Peut-on exercer son regard à voir l'esthétique des crises en entreprise ?

ZOOM

Cultiver la beauté dans son regard professionnel

De toutes petites choses peuvent te guérir de grands maux, pour peu que tu y prennes garde. La nature sous toutes ses manifestations, minérales, végétales, animales, les arts plastiques, la poésie, la musique, la danse, le recueillement dans un lieu sacré, une scène de la vie courante qui nous émeut… autant de sources d'émerveillement et de guérison intérieure qui te sont accessibles à tout instant. Face à une crise professionnelle, même si le jeu est contraint, tu as toujours la liberté d'y voir une source de réjouissance, de gratitude, d'émerveillement. Comment le Beau peut-il te guérir des impondérables de la vie professionnelle ?

Primo, tu peux recadrer ta réalité sans attendre. Les choses ne redeviennent jamais comme avant. Retrouver un âge d'or est une chimère qui t'empêche de t'adapter. Accepter la crise n'est pas si difficile si tu passes outre à ta peur, comme un écran entre la réalité actuelle et celle que tu croyais immuable.

Secundo, tu peux renoncer à t'agiter. Lâche prise sur ta volonté de contrôle, tu découvriras une certaine volupté à te rendre à l'évidence de ton impuissance : au lieu de t'acharner à décrocher un contrat pour sauver un business, à gérer un conflit interne pour sauver la face, tu peux donner libre cours à ton humilité, et t'employer à mettre de la bienveillance, de la confiance et de la sérénité dans ton action.

Tertio, tu peux prêter attention aux détails de l'environnement de travail. Ton point de vue peut tantôt embellir ou aggraver le cadre dans lequel se nouent et se dénouent les crises professionnelles. Au cœur de la tempête, tu peux rencontrer plus authentiquement tes collègues, sentir de la gratitude d'être dans cette équipe à ce moment précis. En rendant hommage aux détails qui embellissent ton quotidien, tu contribues à embellir ce dernier.

La crise est-elle la condition pour avoir une esthétique professionnelle ?

Faire du beau travail

Songe à ceci : ce n'est pas le résultat concret de ton travail qui te motive, mais une intention que tu y mets et qui, parfois, rencontre ton utilité sociale. Le matériel n'est qu'un marqueur d'un engagement immatériel, d'une aspiration cachée que tu poursuis dans ton travail. La belle ouvrage, c'est quand ta motivation intrinsèque rencontre la reconnaissance de ton environnement. Hélas, quand ton travail est strictement alimentaire, tu es coupé de cette union entre le beau et l'utile. Quel chemin emprunter pour esthétiser ton rapport au travail ?

D'une part, tu peux contempler ta réalité. Regarder profondément un tableau ou un espace naturel ; le fait de t'y plonger quelques instants te fait vivre un état interne de plénitude et de révérence envers la beauté. Ta journée en est transformée, tu es plus léger et plus riche secrètement. Peux-tu cultiver chaque jour une expérience de contemplation esthétique ?

D'autre part, tu peux co-créer ta réalité. Comme l'a dit Pierre Teilhard de Chardin, chacun peut « communier par l'action », contribuer par son effort à la Création du monde qui se déroule à chaque instant : avec l'intention de faire un beau travail, au service des autres et de la vie, tu changes peu à peu ton sentiment d'utilité. Peux-tu percevoir l'impact de ta responsabilité de co-créateur du monde ?

Enfin, tu peux éprouver un plaisir esthétique même furtif. En étant attentif à toute la chaîne de dévouement, d'habileté et de génie qui a concouru à chaque tâche professionnelle autour de toi, tu peux sentir le mouvement plus vaste de l'équipe, de l'entreprise, du secteur, du pays, du monde et du cosmos auquel tu participes imperceptiblement. T'adonner à un labeur désincarné tout en vivant l'exaltation des moments au contact de ton œuvre, c'est un aller-retour entre « la pesanteur et la grâce », pour reprendre les termes de Simone Weil. La beauté ne compense pas la difficulté des crises, elle la transcende. Peux-tu vivre la poésie pure qui s'infiltre dans ton quotidien professionnel, malgré tout ?

Comment aimer la crise ?

Vivre des changements professionnels répétés te met dans un état modifié de conscience où ta volonté s'interrompt douloureusement. Désarmé, désorienté, te voilà tous capteurs en éveil pour voir la beauté en toi, hors de toi et entre deux, que l'occupation routinière t'empêchait de contempler. Comment peux-tu accueillir la prochaine crise professionnelle comme une invitation à la jubilation de créer par ton travail, à l'extase d'être au monde, à la louange de traverser le feu ?

Tu peux voir la crise comme une étape dans un chemin symbolique appelé « la danse du dragon » par Myriam Orazzo[7]. En voici les sept stations successives.

L'Observateur : c'est le regard neutre et détaché sur la situation. Quelles sensations et informations recueilles-tu de ce point de vue extérieur ?

L'Innocent : c'est le temps de l'âge d'or, où tu avais une conception pure de l'existence et de toi-même, sans danger. Que ressens-tu dans cet état d'innocence ?

L'Orphelin : à l'occasion d'un événement brutal, c'est la prise de conscience que quelque chose s'est brisé. Ici commence l'inquiétude. Que t'apprend cette étape sur ton expérience des crises ?

La Victime : c'est le stade où tout est blessant, où les difficultés s'accumulent. Quel est l'enseignement de l'adversité pour toi ?

Le Vagabond : c'est le moment de la fuite tous azimuts, y compris dans l'addiction au développement personnel, avec un sentiment de toute-puissance pouvant conduire à l'auto-destruction. Qu'as-tu appris en rencontrant cette partie de toi ?

Le Guerrier : c'est la confrontation avec la réalité, et l'acceptation des limites. Quel regard sans complaisance portes-tu sur toi-même à cet endroit ?

---

7. Myriam ORAZZO, *Toujours stressé ?*, Interéditions, 2003.

Le Sorcier : c'est l'espace de sagesse et de maîtrise du destin. Qu'as-tu appris des étapes précédentes pour rencontrer ton dragon ?

Rencontrer son dragon intérieur

Regardons la vie professionnelle comme un parcours initiatique. En s'inspirant de la **Danse du dragon**, *on peut identifier les 8 étapes de ce cheminement vers le plus essentiel de nous-mêmes : l'Observateur, l'Innocent, l'Orphelin, la Victime, le Vagabond, le Guerrier, le Sorcier et enfin le Dragon. À chaque archétype correspond une station dans le voyage intérieur : la présence à soi, la spontanéité, le besoin, la peur, la liberté, l'affirmation, la puissance et la transformation. Imagine que tu as traversé les premières étapes, accumulant les épreuves. Te voici devant le dragon qu'il s'agit de vaincre…*

Que t'ont appris les crises passées ?

....

....

Quelle est la question centrale essentielle à laquelle te ramènent toutes les crises ?

....

....

Qu'y a-t-il de beau dans le dragon qui sommeille au fond de toi ?

....

....

En prenant du recul, les crises se résolvent elles-mêmes

L'expérience esthétique est un réservoir d'énergie inouï pour donner du sens à l'action

En aiguisant son regard au quotidien, on embellit le monde du travail

OSER PERDRE SES ILLUSIONS

VÉCU

Qui peut encore se targuer d'un plan de carrière ? D'OPA en LBO, de réorganisation en plan social, bien malin celui qui fixe un cap professionnel et s'y tient. Sommes-nous condamnés à une dérivée professionnelle, sans autre horizon que la retraite (et encore) ? Loin des projections linéaires, l'accomplissement professionnel consiste désormais à s'affranchir des fausses pistes pour travailler à une version épurée de l'action. Donner du sens consiste à enlever les contresens et les sens interdits. Comment vivre ses *Illusions perdues* sans avoir le tragique destin de Lucien de Rubempré ?

Longtemps, j'ai été agacé par l'argument de l'expérience, qu'on vous oppose chaque fois qu'on est à court d'argument pour vous éconduire d'une fonction senior. Pour moi, qu'était-ce que l'expérience, sinon une somme de renoncements et de gestes automatiques ?

Certes l'expérience professionnelle consiste avant tout à peler l'oignon de ses illusions – ce qui fait monter les larmes aux yeux, comme chacun sait. Mais perdre ses illusions est une bonne nouvelle ! Au lieu de m'apitoyer sur mon sort, me plaindre que mes plans soient contrariés, je peux me réjouir de tracer un chemin d'adaptation à la réalité sans pour autant trahir mes fondamentaux. Car ce n'est jamais dans une carte de visite, fût-elle prestigieuse, que réside le cœur de mon expérience professionnelle. Je me rappelle la panique qui s'emparait de moi tandis que, jeune consultant, je me rendais à la Défense pour une mission chez un client. Ce quartier d'affaires parisien, balayé par un vent glacial été comme hiver, sans âme ni chaleur, où l'on croise des milliers de cadres tristes à mourir, m'a toujours fait l'effet d'un cauchemar futuriste digne de *Buffet froid* de Bertrand Blier. Un jour, je me suis dit que chaque tour de la Défense où je pénétrerais serait comme une victoire personnelle sur ma frayeur de cet îlot *corporate* ; ce devint un jeu de pistes, et j'ai tellement foulé le sol de ces monstres d'acier et de verre qu'ils ne me font (presque) plus peur.

Quand je regarde rétrospectivement mes peurs et mes rêves de début de carrière, je suis frappé de l'écart entre ma vision professionnelle d'alors et ma réalité actuelle : j'étais d'autant plus critique envers l'entreprise que je l'idéalisais. J'ai un peu honte de ma naïveté et de mes idées arrêtées de l'époque, j'ai aussi conscience de la maturité acquise en les abandonnant peu à peu.

Contrairement à une idée reçue, le regret est un moteur professionnel. Il atteste notre lucidité sur le passé et nous prémunit contre tout dogmatisme futur : si j'ai embrassé ma profession de coach avec enthousiasme, cela n'exclut pas que j'aurais aimé être médecin, moine ou… chanteur de rock. Assez du diktat de la performance visible ! Je suis riche de mes rêves inachevés comme de mes réalisations concrètes, les deux me tiennent en haleine vers d'autres « *could have been* » au lieu d'être « *has never been* ».

Grandir, c'est perdre ses illusions pour garder sa flamme intacte. L'énergie déployée, l'instinct vital et la générosité de cœur résistent à l'usure du temps. Les blessures narcissiques sont les seules dont on guérit. Si mes convictions s'érodent au contact de la réalité du travail, ma quête se précise et s'enracine dans le même temps. Je me déleste ainsi des chimères qui créaient autant de promesses que d'angoisses.

Les promesses n'engagent que ceux qui y croient. Difficile de faire sienne cette maxime acide et désenchantée. Mais quand il s'agit de serment que l'on prête, l'excès d'intégrité conduit parfois à l'intégrisme : « jamais je ne travaillerai pour un fabricant d'armes », « je refuserai toujours les décorations et les honneurs », « je ne travaillerai jamais pour telle firme par fidélité à mon mentor ». Qu'est-ce que je m'empêche de vivre en me drapant dans cette vertu radicale ? Plus que tout autre, l'argent est un miroir sans tain de nos illusions professionnelles. J'ai toujours eu l'impression que le moyen d'en gagner était de ne pas s'en préoccuper : trouver la juste distance avec un symbole tellement addictif de notre époque n'est pas une mince affaire… En faire un moyen d'épanouissement et non un critère de réussite suppose d'aller à contre-courant des valeurs actuelles. La monnaie n'est pas un équivalent universel, elle véhicule une charge qui en dit long sur nous-mêmes à notre insu : valeur relative par excellence, l'argent est un marqueur de classement social et psychique : « est-ce que je gagne plus que mon père ? » est la question inconsciente à laquelle la méritocratie utilitariste nous somme de répondre, renvoyant à notre rapport à la justice, à la sécurité matérielle, à l'*habitus*, sur fond de vaine comparaison avec autrui (*cf.* chapitre 12). Quoi de plus chimérique que cette programmation, qui ne résout jamais l'équation de mon être jeté dans le monde ?

La plus grande illusion professionnelle réside dans l'allégeance à mes héros tutélaires du passé. Savoir pour qui je « roule », après quoi je « cours », ce qui me travaille dans mon travail – voilà des questions que je me pose régulièrement. J'ai longtemps été hanté par la reproduction sociale, psychique, psycho-généalogique même. S'affranchir des loyautés inconscientes au passé, que ce dernier soit tragique ou pas, est une de mes motivations premières dans ma profession. Je vois tant de clients agis par un destin funeste, s'évertuant à faire pareil ou à faire autrement que leurs aînés, que je les devine pris dans une répétition qui les aliène plus sûrement que toute souffrance au travail : dis-moi quel est « ton héritage », pour reprendre la chanson de Benjamin Biolay, et je te décrypterai ton ADN professionnel. L'autonomie individuelle dans le travail est-elle une illusion ? Sommes-nous ce que nous faisons ou ce que d'autres, bonnes ou mauvaises fées, ont décidé que nous serions ?

La pleine conscience consiste à me déciller les yeux en voyant ce qui me gouverne et en percevant les liens que j'entretiens avec mon passé, ceux que je choisis d'honorer et ceux que je choisis de rompre : quelle mission héroïque ai-je endossée enfant pour sauver ma peau, le monde, ou ma mère ? À quel idéal de mes rêves de jeunesse ai-je renoncé la mort dans l'âme, pour découvrir une réalité plus passionnante et plus vivante encore ? À quels mentors professionnels me suis-je employé à ressembler, avant de « tuer le père » et vivre une carrière épanouie ?

ZOOM

La désillusion professionnelle est un chemin de crête, entre gratitude et émancipation. Es-tu prêt à renoncer au bon ou mauvais sort pour devenir ton propre champion ?

Où sont tes impasses professionnelles ?

Carrière rime souvent avec angoisse : que tu sois jeune diplômé en recherche d'emploi ou quadra face à un tournant professionnel ou encore senior qui envisage la retraite comme un point d'orgue, faire carrière est devenu un triste jeu de colin-maillard. Or cette panne d'essence professionnelle est due à un excès de sens, pas à un déficit ! Comment accepter les désillusions successives de la réalité brutale du travail sans y perdre toute envie de réalisation de soi ?

D'une part, tu peux nommer sans tarder tes déconvenues professionnelles. Tu es déçu de n'avoir pas été reconnu à ta juste valeur, frustré par un arbitrage inique du management ? Bravo ! Tout ceci te fait grandir et tanne le cuir de ta motivation profonde. Au lieu de te voiler la face en niant l'évidence, accepte la situation aussitôt qu'elle se présente. La réalité présente est peut-être inconfortable pour ton ego, mais c'est la seule chose avec laquelle tu peux composer. Garde-toi de juger et d'interpréter trop vite, il s'agit juste de reconnaître et accepter que ton projet a été contrarié, et que ce n'est pas si grave puisque tu lis ces lignes.

D'autre part, tu as mieux à faire que de te lamenter. Est-ce la première fois que tu vis cette situation ? Quel message peux-tu y trouver à ton bénéfice propre : erreur d'aiguillage, obstination malheureuse, recomposition malchanceuse de l'équipe ? En prenant un instant pour t'intérioriser et revisiter ta mésaventure professionnelle, tu découvres qu'endosser un rôle de victime est inexact et improductif. Il y a eu des signes avant-coureurs (*cf.* chapitre 17) que tu n'as pas su voir, tu as préféré endurer certaines situations inextricables plutôt que de les résoudre, tu t'es installé dans un scénario d'autosabotage ou de cause perdue que tu connais bien, etc. Sans te culpabiliser, tu prends conscience qu'une partie même infime de toi a consenti à cet état de fait. L'enjeu est de vivre l'émotion qui t'assaille face à cette désillusion, mais pour la traverser, non pour t'y complaire. Tu peux te donner le réconfort inconditionnel que tu escomptes d'autrui, et éprouver ton humilité en abandonnant tes illusions au passage.

Enfin, prends acte du cadeau que recèle cette désillusion. Nos bourreaux professionnels sont aussi de formidables révélateurs de nous-mêmes. Prends un instant pour voir le présent que te fait sans le savoir celui ou celle qui s'est mis en travers de ton dessein. Comme le dragon dans les contes de fées, il t'offre l'occasion de voir ton ombre projetée en lui, de te défaire une fois pour toutes de tes contradictions. En suspension de jugement, tu peux regarder la désillusion comme une bifurcation salutaire hors de tes mauvais pas : quelles valeurs as-tu endossées pour satisfaire ton environnement, et qu'il est temps de lâcher ? De quels malentendus as-tu été complice pour ne pas confronter ton inadéquation à une organisation ou un métier ? Quel chausse-trappe repères-tu rétrospectivement, dans lequel tu ne tomberas plus ? Savoir remercier intérieurement ses bourreaux professionnels n'empêche pas la conscience de leur nocivité. Mais cela t'évite une lecture partielle de l'épisode subi.

La désillusion professionnelle la plus courante consiste à voir s'effriter un rêve de grandeur ou de pérennité. Ce que tu perds, dans l'espace et dans le temps, tu le gagnes dans la conscience plus aiguë de la réalité qui t'entoure. En cela, toute désillusion professionnelle est initiatique d'autre chose : tu travailles ton adéquation au réel, qui n'est jamais assurée, toujours sujette à des tempêtes extérieures et intérieures. Chaque illusion perdue te rapproche de ta vérité dans le monde, elle t'amène à convoquer une instance de confiance absolue quand les repères tangibles dans ton travail se dérobent. En perdant pied matériellement, tu gagnes un vide immatériel qu'il s'agit d'apprivoiser. Il n'y a pas d'impasses professionnelles, seulement des portes dérobées à découvrir, au pied du mur. Es-tu prêt à perdre pour gagner ?

Vivre de riens

J'aime beaucoup cet aphorisme bouddhiste entendu dans une interview de Scott Kiloby, praticien américain de la pleine conscience : « Il y a une bonne et une mauvaise nouvelle dans la vie. La mauvaise nouvelle est que nous chutons inexorablement, sans rien à quoi se raccrocher. La bonne nouvelle est qu'il n'y a pas de sol. » Le monde du travail n'échappe pas à ce mouvement vertigineux, où il te faut apprendre constamment la loi de gravitation sans y mettre trop de gravité.

Comment s'y résoudre ?

Premièrement, tu peux en enlever plutôt qu'en ajouter. Travailler en pleine conscience est une ascèse, une aptitude à vivre de riens. Quand un projet s'arrête brutalement, c'est un peu comme les jours où tu es seul à ton travail : tu prends conscience de l'agitation virtuelle des autres jours, tu goûtes une plénitude professionnelle en te suffisant à toi-même. Tu peux expérimenter, en silence, cette volupté du vide, et te sentir présent sans que cela dépende d'un client ou d'un collègue.

Deuxièmement, tu peux sentir la précarité heureuse de toute action. En pratiquant la pleine conscience, tu découvres que ton intention d'être humain est indemne malgré les turpitudes du quotidien. Mieux, elle s'affermit en approfondissant la futilité des enjeux externes que tu vis. Ta réelle contribution se joue sur un autre niveau que les conquêtes et les défaites, dans une qualité de présence inconditionnelle, une attention au processus dans lequel tu es engagé plutôt qu'au contenu de tes préoccupations. Rien n'est définitivement acquis, et la désillusion te le rappelle parfois amèrement : à toi d'y trouver une vacuité riche de sens.

Troisièmement, tu peux renoncer à ton sentiment d'importance. La désillusion concrète que tu expérimentes ici te parle peut-être d'un autre mouvement de décollement de la « réalité » qui est en fait une illusion trompeuse. Les honneurs, les trophées, les âpres compétitions sur le marché, tout ceci n'est vrai qu'à l'aune de ton ego. Mais dans le mouvement vivant de ton action professionnelle, tu peux voir cette mécanique à l'œuvre pour en mesurer la vacuité. Relis *L'Ecclésiaste* pour te convaincre de la vanité des choses que tu désignes comme importantes. Si une désillusion professionnelle te permet de vivre un instant de vérité avec ton manager, de mettre ton identité à nu et de t'ouvrir intérieurement comme jamais, ne vaut-elle pas la peine d'écorner ton ego ?

Le vide intérieur auquel te confronte parfois un brusque réveil dans ton engagement n'est pas synonyme de désespoir. C'est même le contraire : la désillusion peut te guérir du nihilisme de l'entreprise. Comment s'y préparer ?

Committment vs detachment ?

Si tu côtoies ou, mieux, si tu appartiens à la « génération Y », ton investissement dans le travail en est affecté. La génération Y est profondément désenchantée par rapport au travail salarié, elle n'est pas dupe de l'organisation et zappe volontiers d'une entreprise à l'autre. Mais c'est aussi une génération qui ne transige pas avec son écologie personnelle et sa conscience du monde qui l'entoure. Sur quelles bases fonder ton engagement dans le travail si le capital de confiance de l'entreprise est faible ? Peut-on fonder un lien durable sur une éthique du détachement ?

D'un côté, tu peux te détacher des contrats faits sur ta tête. Pour ce faire, il te faut oublier tous les projets que d'autres ont faits pour toi auxquels tu ne souscris pas. Aucune ambition par procuration, aussi séduisante et enviable soit-elle, ne peut te combler si elle n'est pas tienne. Dans son *Roman français*, Frédéric Beigbeder insiste sur l'amnésie totale de son enfance, qui le protège d'aller trop mal sans doute, tant sa désillusion à l'égard du monde adulte fut grande. La pression exercée par ceux que tu crains de décevoir ou de trahir est un frein absolu à la réalisation de ce qui t'est propre. *Open*, l'autobiographie d'André Agassi, est un exemple édifiant de la détresse d'un homme programmé par son père pour être champion de tennis, qui n'a jamais rien détesté autant que le tennis, sans réussir à s'en désintoxiquer. Quelles reconnaissances de dettes tacites es-tu prêt à brûler pour sortir de l'obéissance factice à tes aînés ?

D'un autre côté, tu peux cultiver un engagement secret, ta quête inéluctable de réalisation. Il s'agit d'accepter de t'éloigner des autres dans un premier temps, pour les rejoindre ensuite par la « reliance », que les illusions et désillusions du travail ne peuvent briser. Quand tu vis un choc qui bouscule ta vie, tu es seul face à toi-même, et tu découvres que l'essentiel et l'accessoire s'inversent. Ce que tu croyais secondaire devient peu à peu le sel de ton quotidien professionnel, et l'objet de tes préoccupations d'hier semble dérisoire aujourd'hui.

Dans ces moments-là, tu guéris à la fois de ton angélisme natif et de ton cynisme défensif. Tu es dans le mouvement de détachement, d'engagement, de défaisance et d'assomption de ton projet professionnel. S'adapter à l'aléa qui surgit sans trahir ses fondamentaux n'est possible qu'en s'abandonnant à ce qui est présent, ici maintenant. La désillusion décape les faux-semblants d'une carrière visible, pour mettre au jour une réalité plus inachevée. La vocation professionnelle est à ce prix. Les yeux fermés, le cœur ouvert, écoutons les signaux faibles qui nous y invitent.

 ## Quelle est l'épreuve derrière l'obstacle ?

Remets-toi en mémoire un épisode marquant de désillusion profes-sionnelle. Prends le temps de sentir la trace mentale, émotionnelle et physique que cette épreuve a laissée en toi.

Quelles certitudes avais-tu auparavant sur ton environnement ?

....

....

....

Quelles incertitudes te guidaient alors dans tes orientations professionnelles ?

....

....

....

Qu'as-tu appris sur toi-même à l'occasion de cet épisode de ta vie ?

....

....

....

Pour trouver sa voie, il faut s'affranchir des fausses pistes de carrière

En perdant ses illusions sur le travail, on s'allège du projet d'un tiers tutélaire

Qui ose dire son détachement professionnel guérit de l'angélisme et du cynisme

ÊTRE À L'ÉCOUTE DES SIGNAUX FAIBLES

VÉCU

Qui peut encore se targuer d'équilibrer sa vie professionnelle entre le temps de la réflexion et le temps de l'action ? L'agenda, comme son nom l'indique, résume la finalité du travail contemporain : « ce qu'il faut faire ». Le faire a dévoré l'être. Emportés dans un enchaînement d'actions plus ou moins vides de sens, nous courons après une hypothétique plage de « vacance », un vide justement pour refaire le plein de sens. Est-ce inéluctable ? Prendre le temps de réfléchir est un choix de tous les instants. Ce chapitre explore comment pratiquer la réflexion au cœur même de l'agitation professionnelle.

Nous vivons sous le règne de la quantité, aux dépens de la qualité de vie : implicitement, plus nous faisons de choses dans une journée, dans une carrière et dans une vie, plus nous avons le sentiment d'avoir « réussi ». La puissance de travail est synonyme aujourd'hui d'une capacité rapide d'absorption d'informations, d'exécution de tâches en volume et non en valeur. La productivité est une clé de voûte de mon efficacité professionnelle, me libérant du temps disponible. Mais le piège est dans l'emploi de ce surcroît de temps à agir au lieu de réfléchir : il fut un temps où j'avais inscrit comme écran d'accueil sur mon téléphone cellulaire : « ne perds pas ta vie à la gagner » pour me rappeler l'innocuité de ce temps sans cesse réinvesti dans l'action. L'action professionnelle confine parfois à l'activisme, sans autre but que d'être occupé – c'est le sens du mot « business », après tout. Je connais beaucoup de stakhanovistes qui sont des paresseux contrariés. La peur de l'ennui, l'angoisse de se retrouver seul face à soi, le besoin compulsif d'être utile sont parfois la cause de cette hyperactivité. Comment en sortir ?

J'ai pris conscience de mon activisme dans les périodes d'épuisement. Grisé par le travail, je perds conscience de mon surmenage, je ne préserve plus de moments soustraits à l'action. L'état d'excitation de l'action extérieure me coupe de la présence à mon monde intérieur. Tant que je me focalise sur ce que j'ai à faire, je ne travaille pas à mon être. L'ivresse de l'agenda rempli abolit le temps présent, elle me plonge dans l'agitation du mental, rien de plus. Puis-je sortir de la « matrice », par allusion au film culte des frères Wachowski ? Oui, en prenant conscience que je suis toujours plus que ce que je fais : je suis toujours davantage que mes succès et mes difficultés pratiques, je suis toujours autre que mon rôle professionnel, je suis toujours plus paradoxal que mon image lisse et rationnelle.

Paradoxalement, quand je vais vite, je gagne en efficacité mais je perds les signaux faibles auxquels m'accrocher pour être présent, ici maintenant. Or, les signaux faibles de mon entourage me donnent des solutions alternatives à l'action obstinée : des recadrages bienveillants, des moments fugaces de joie, des pépites de simplicité où les problèmes se dissolvent dans la conscience à ce qui est là…

Faire, puis écouter. Un enseignement de la Bible (Deutéronome, 24, 7) fait de l'expérience active le principe du libre arbitre et de la réflexion intérieure. Au lieu de raisonner, si nous laissions résonner l'écho de nos actes en nous-mêmes ? Car écouter est une action œuvrante en soi. Tous les stages de communication en entreprise enseignent comment s'affirmer, prendre la parole en public, avoir de l'impact… Si les managers étaient davantage formés à écouter les solutions qu'à résoudre des problèmes, les entreprises s'en porteraient mieux. La réalité professionnelle est un trésor de sens pour qui s'y attarde. J'aime écouter la « noise » du monde du travail, comme dit Michel Serres. Formé à la sociologie de terrain, j'en ai gardé la volupté de l'observation participante et des entretiens semi-directifs, qui donnent tant à voir sur les conditions de travail, les imaginaires sociaux et les solutions cachées dans l'intelligence de situation.

> « Puis-je stopper la "matrice" du mental ? Oui, en prenant conscience que je suis toujours plus que ce que je fais. »

En ouvrant mes capteurs sensoriels, je n'écoute pas seulement avec mon esprit logique, mais de tout mon cœur et de toute mon âme, si j'ose dire : j'écoute les non-dits d'un client, j'écoute la vibration que sa présence déclenche en moi, j'écoute la question derrière la question derrière la question, j'écoute les signes que m'inspire son entourage, et seulement après, je prends la parole. Comme le dit Jacques Salomé : « Quand je te demande de m'écouter et que tu commences à me donner des conseils, je ne me sens pas entendu. Quand je te demande de m'écouter et que tu me poses des questions, quand tu argumentes, quand tu tentes de m'expliquer ce que je ressens ou ne devrais pas ressentir, je me sens agressé. Quand je te demande de m'écouter et que tu t'empares de ce que je dis pour tenter de résoudre ce que tu crois être mon problème, aussi étrange que cela puisse paraître, je me sens encore plus en perdition. Quand je demande ton écoute, je te demande d'être là, au présent, dans cet instant si fragile où je me cherche à l'aide d'une parole parfois maladroite, inquiète, injuste ou chaotique. J'ai besoin de ton oreille, de ta tolérance, de ta patience pour te dire le plus difficile comme le plus simple[8]. »

L'écoute n'est pas seulement active ou flottante, elle est transformation intérieure de notre rapport à l'action. L'écoute profonde est aussi compassionnelle. Écouter avec mes cinq sens calme mon mental, et développe mon adéquation au monde. Il suffit d'être là, pleinement à l'affût de tous les bruits, gestes, apparitions qui surgissent à chaque instant. Rien n'est fortuit pour peu que je m'y attarde. Plus je suis à l'écoute de ma respiration et de mon corps, plus j'entends la pulsation de l'être, et plus il m'est facile de lâcher prise sur l'objet de mon travail pour manifester des marques d'attention envers mon environnement professionnel : je devine l'intention positive qui animait celui que je crois hostile à mon projet, je ressens l'incompréhension des collègues qui me voient m'agiter et leur détresse me touche, je perçois les issues positives et légères que le flux met sur ma route professionnelle.

En écoutant les signaux faibles en marge de l'action conquérante qui m'anime dans mon travail, je passe du « faire » à l'« agir », c'est-à-dire faire en conscience de l'être. Mettre de la conscience dans le moindre de mes actes ne demande pas un effort, si je suis à l'écoute de toutes les pépites du moment présent : les sensations de mon corps sur mon lieu de travail, les conflits successifs que j'affronte dans une même journée, les imprévus qui surgissent comme par enchantement – tout fait signe et tout parle de moi.

---

8. Jacques SALOMÉ, *Le Courage d'être soi*, Éd. du Relié, 2005.

ZOOM

Voir la réalité au-delà des apparences

Le travail est une formidable drogue pour échapper à la réalité. Comment éviter la dépendance à tes illusions quand elles prennent toute la place et que tu as le sentiment d'être à côté de ta vie professionnelle, aussi grisante soit-elle ?

La tradition égyptienne rapporte l'enseignement du *Kybalion*, texte de sagesse hermétique attribué à Hermès Trismégiste. Il y évoque sept lois ontologiques qui sont à l'œuvre à tout moment. Quand la machine professionnelle s'emballe, que tu te sens piégé par un engagement ou que ton agenda t'échappe, le *Kybalion* est un repère efficace pour stopper les cycles de répétition, les scénarios d'échec et l'autosabotage dans ton travail, absorbés par la réalité créée par ton mental : « carrière professionnelle », « efficacité personnelle », « capital symbolique », « conflit avec ma hiérarchie »… es-tu prêt à « sortir de la boîte », pour reprendre le titre de l'Institut Arbinger, et à travailler en pleine conscience grâce à ces sept questions ?

- Principe de **mentalisme** : en quoi ta réalité professionnelle est-elle le fruit de l'esprit ? Rien n'advient en dehors du Tout, unité primordiale dont procède l'expérience dans le monde, *a fortiori* professionnel (*cf.* chapitre 22). Au lieu de vouloir comprendre et influer sur les phénomènes extérieurs de ton travail, tu peux prendre conscience qu'ils procèdent d'un ordre plus vaste : avec ce principe par-delà toute idéologie humaine, la crise économique, la réorganisation, l'incertitude sur tel ou tel projet prennent un sens caché dans un processus universel qui demande humilité et lâcher-prise : tu y vois alors une occasion d'expérimenter des destructions créatrices, des épreuves de vérité où ta *reflectio* est requise et ton activisme banni.

- Principe de **correspondance** : en quoi la réalité extérieure reflète-t-elle ton monde intérieur ? Si tu cesses de t'enorgueillir ou de t'indigner des phénomènes professionnels en t'employant à y voir le miroir de ta vie intérieure, alors le travail peut devenir un jeu de pistes passionnant et indicible.

- Principe de **vibration** : en quoi ta situation professionnelle est-elle changeante ? Aussi bloqué t'apparaisse le jeu dans lequel tu te trouves, rien n'y est définitif. Au lieu de te désespérer de ce qui te semble immuable, accueille les changements, même dérisoires, de ton quotidien : l'avenir immédiat est incertain, il peut te réserver de bonnes surprises.

- Principe de **polarité** : en quoi peux-tu voir la dualité dans ce qui t'anime ? Ce principe est le plus important dans la pleine conscience professionnelle, où la puissance a partie liée avec la fragilité, la lumière avec l'ombre, la confiance avec la peur, l'ambition avec l'aspiration. Dès que tu acceptes la dualité dans ce que tu défends dans ton travail, tu sors du paradoxe apparent de vouloir choisir l'un ou l'autre.

- Principe de **rythme** : qu'est-ce que tu as à gagner à perdre, et inversement ? En voyant toute problématique professionnelle comme un processus fluide et non comme un enjeu fixe, tu dévoiles le bénéfice d'une situation apparemment défavorable, et le danger d'une situation que tu prenais pour confortable. Ton point d'équilibre est toujours là, au moment présent.

- Principe de **causalité** : quel est le sens de tout ce qui t'advient aujourd'hui ? C'est l'hypothèse centrale de ce chapitre que tout fait signe et tout fait sens dans ta réalité professionnelle. Assumer que tout acte a des conséquences est la base d'une pleine responsabilité. Il s'agit de prendre de la hauteur par rapport à une décision absurde ou un contretemps pénalisant et voir émerger un sens plus global, au service de ton parcours de développement professionnel.

- Principe de **genre** : quels registres masculin et féminin de ton leadership exerces-tu ? Symboliquement, quel que soit ton sexe, tu es porteur d'un archétype masculin (extériorité, pouvoir, action) et d'un archétype féminin (intériorité, puissance, réflexion), que le champ professionnel te permet d'épanouir voire d'harmoniser. Les événements présents te renvoient à la lecture exclusive que tu fais parfois dans l'un ou l'autre registre.

Interpréter les signes sans devenir superstitieux

Je t'imagine perplexe devant le principe de causalité. Comment voir dans toute circonstance de la vie professionnelle, aussi triviale qu'un café renversé par mégarde, un signe de ton bonheur professionnel actuel ?

Voir les signaux faibles dans tout acte manqué n'est pas une superstition, mais une approche en complément de ton analyse logique et prosaïque des événements.

D'une part, tu peux voir que la forme, c'est du fond. L'ambiance de travail, les détails cadre de ton action forment une charade qu'il t'appartient de déchiffrer. Quelle cohérence vois-tu dans la somme des choses, importantes et dérisoires, qui composent ton quotidien ? Quelle poésie d'ensemble s'en dégage ou pas ?

D'autre part, tu peux prêter attention aux messages récurrents que tu entends ici et là, de ton entourage privé et public, sans lien apparent. Qu'entends-tu de façon insistante dans ton travail ? Que pourrais-tu faire concrètement pour accuser réception de tous ces signaux faibles ?

Enfin, tu peux avoir une écoute sélective de ce qui fonctionne bien, y compris dans les signes anodins de la vie courante. De l'« enquête appréciative » au « coaching orienté solution », beaucoup de pistes de management privilégient aujourd'hui le « verre à moitié plein », et laissent émerger les solutions poétiques, créatives de la situation elle-même. En faisant l'hypothèse que le système professionnel avec lequel tu interagis est intelligent, comment peux-tu t'abandonner à son homéostasie, et collecter en confiance les pépites de sens qui émergent ? Ici peu de processus formalisés, peu de méthodes sophistiquées, mais une ouverture aux possibilités du réel de fabriquer un sens commun. Quelles sont les « bonnes pratiques » de ton entourage dont tu peux t'inspirer maintenant ?

À la lumière du réverbère

Et si, pour mieux écouter les autres, tu renonçais à communiquer tous azimuts ? Plus tu explores la pleine conscience professionnelle et plus tu agis vers un non-agir. La réalité extérieure est trompeuse, alors comment se concentrer sur les vrais enjeux ?

Avant de communiquer avec autrui sur une situation, tu as intérêt à chercher en toi le sens des épisodes que traverse l'équipe dans laquelle tu travailles. Si tu procèdes par la pleine conscience, tu découvriras que des choses en apparence minuscules sont parfois immenses : la qualité de la relation entre collègues, l'attachement au produit dont tu t'occupes, la fierté de participer à une aventure collective sont quelques exemples de richesses qu'on ne perçoit pas dans le tumulte des problèmes à résoudre.

L'écoute des signaux faibles est contagieuse. En prenant cinq minutes face à un différend dans une équipe pour s'intériori-ser et repérer ce qui se joue profondément, la résolution des problèmes augmente d'autant. Si tu fais une place au silence et que tu témoignes de l'espace de compréhension plus vaste qu'il te fait découvrir, il y a des chances que d'autres personnes de ton entourage adoptent cette méthode pour pacifier certains conflits ou cultiver quotidiennement le sens de ce qui vous anime tous.

Terminons par l'histoire suivante. Une nuit, sur un parking, un homme soucieux, penché vers le sol, marche fiévreusement autour d'un réverbère. Quelqu'un s'approche et lui demande :

« Vous avez perdu quelque chose ?

– Oui, mes clés.

– Vous les avez égarées ici ?

– Non, pas du tout, je les ai perdues là-bas, près de ma voiture. Mais ici, il fait moins sombre. »

Écouter le silence

Prends un moment pour t'isoler et t'assurer que tu ne seras pas dérangé dans les prochaines minutes. En t'intériorisant, tu peux placer ta conscience dans ton écoute, non seulement des sons qui t'environnent mais aussi des bruits de ton corps. Peu à peu, tâche d'écouter en même temps l'extérieur et l'intérieur, sans privilégier l'un ou l'autre. Puis, en respirant profondément, écoute le vide entre les deux, les silences entre deux sons, même s'ils sont rares et inaudibles. Plonge dans ces moments comme s'ils étaient là en permanence. Le silence est là, en fait, derrière chaque bruit.

Comment peux-tu décrire précisément le silence que tu perçois ?

. . . .

. . . .

Quelles évidences surgissent quand tu es dans cet espace de silence ?

. . . .

. . . .

Que t'inspire ce moment de silence pour ta réalité professionnelle ?

....

....

Écouter est l'acte de communication le plus efficace pour cesser de s'agiter

Les détails de forme sont le fond de l'épanouissement profession-nel

Faire silence en soi permet de rencontrer profondément son entourage

TRAVAILLER AU BIEN COMMUN

« *La plus haute qualité est de savoir rendre le bien pour le mal.* »
Shi Bo

VÉCU

Pour le commun des mortels, le travail est-il autre chose qu'un gagne-pain, une recherche de confort privé ? Avec l'échec des grandes utopies collectives du XXe siècle, il semble naïf de rêver que le travail puisse être une source de réalisation de soi. Et pourtant, les crises font émerger un besoin croissant de sens et une élévation du niveau de conscience de la planète. Comment trouver un engagement qui transcende l'intérêt égoïste sans tartuferie ? Y a-t-il une place pour l'action désintéressée dans la vie professionnelle actuelle ?

J'ai côtoyé le secteur humanitaire d'urgence assez longtemps pour voir l'étau dans lequel sont prises les organisations sans but lucratif : une professionnalisation croissante des associations les aligne sur le modèle de l'entreprise privée, tandis que les bénévoles dans la collecte de fonds et dans l'action sur le terrain voient leur engagement ramené à une carrière standard. Si même l'humanitaire ne remplit pas ses promesses d'accomplissement pour une cause universelle, où trouver du sens dans mon travail ?

Contrairement à une idée répandue, le sens de l'intérêt général est très présent parmi les cadres du secteur marchand, y compris chez les dirigeants. Accaparés par des tâches de plus en plus insignifiantes, nous en ressentons plus amèrement l'appel d'être de notre vocation première (*cf.* chapitre 5). Ceux que je rencontre sont tous conscients de leur idéal et de leur réalité, ils vivent quotidiennement l'écart entre les deux.

Je vois ici et là du don désintéressé qui s'infiltre malgré tout en entreprise. Un geste de compassion envers un collaborateur que tout condamne, un signe de connivence entre des managers en conflit ouvert, un timide signe de gratitude esquissé par un client difficile. Pourquoi ? Parce que même l'entreprise est gouvernée par les deux énergies racines que sont l'amour et la peur. L'amour est ontologique, tandis que la peur, qui seule conduit à la haine, ne l'est pas. Qu'y a-t-il de plus subversif aujourd'hui que la bonté désintéressée ? La vie professionnelle n'empêche nullement ces épanchements de bienveillance gratuite.

> « Je vois ici et là du don désintéressé, qui s'infiltre envers et contre tout dans les interstices de l'entreprise. »

Face à la rationalisation des décisions et des moindres attitudes dans les affaires, notre liberté s'exerce désormais dans le maintien de convenances « absurdes » dont voici un exemple : prendre soin d'écrire nos mails en conscience de la personne en face avec des précautions aussi désuètes que « cher X, j'espère que vous allez bien. [...] je vous remercie de votre message [...] Je me réjouis de vous voir bientôt [...] bien chaleureusement, etc. ». Qui songe encore à envoyer des cartes de vœux manuscrites et personnalisées chaque année ? C'est un effort, mais pour un introverti, infiniment plus plaisant qu'un cocktail avec les mêmes invités ! Et chaque fois, le temps d'écrire la carte, je me sens réellement en présence du destinataire, c'est un exercice de gratitude et d'affection indescriptible. De ce point de vue, j'y trouve un bénéfice secondaire immense, évidemment. Et vous, quel est votre recette de cordialité en actes ?

Les moments d'intention désintéressée, tournée vers le bien commun, ont leur place dans la vie professionnelle. Ils renvoient aussi aux inconscients collectifs qui tricotent par-dessus nos têtes, en entreprise et en famille, à l'école et au supermarché. Dans *Les Ailes du désir*, Wim Wenders imaginait les turpitudes d'anges gardiens plus ou moins déchus dans le Berlin d'avant 1989. Les images de l'ange Cassiel posant délicatement une main sur une épaule, penchant doucement la tête pour écouter les tourments de l'âme ou encore tenant une main au bord du suicide se sont imprimées dans ma mémoire. Depuis lors, rien n'illustre mieux la bienveillance inconditionnelle selon moi. Peut-être n'avons-nous pas à faire grand-chose pour laisser nos anges tricoter, seulement ne pas empêcher le mouvement de ces inconscients vers un ajustement collectif. Il s'agit juste de créer des situations de dialogue et de présence à ce qui réunit plutôt qu'à ce qui divise, à tous les étages de l'entreprise : séminaires décontractés, réunions improvisées, formations ludiques, ateliers de créativité, etc. Sommes-nous assez intelligents pour faire confiance à l'intelligence collective et suspendre notre volonté d'influer sur le cours des choses ?

Au-delà du monde du travail, nous pouvons aussi donner libre cours à notre sens du bien commun, quand nous consommons, que nous empruntons des transports publics, dans les gestes quotidiens. Je constate que le sourire en pleine conscience est souvent communicatif, et que mon attention à l'autre prolonge la stricte transaction. Des études d'opinion récentes montrent que le besoin de simplicité et de lien social authentique est fort dans la société civile : le marketing du lien communautaire aura-t-il raison de mon aspiration à contribuer à un ensemble plus grand que soi ?

ZOOM

Le *Servant Leadership* en 10 points

Robert Greenleaf a vulgarisé et théorisé une conception novatrice du leadership, selon laquelle l'humilité et l'altruisme sont efficaces pour se diriger soi-même et diriger autrui. Es-tu un leader en service ? Pour y répondre, voici les dix critères qui décrivent le « *servant leader* ».

1. **Écoute**. Comment manifestes-tu une attention aux autres, nonobstant leur statut et leur fonction dans l'organisation ? Avant d'apporter des solutions à tes partenaires et collaborateurs, prends-tu le temps d'écouter leur besoin (*cf.* chapitre 17) pas seulement leur demande ? Au cours d'une réunion de travail, quel temps consacres-tu à parler et à écouter, en général ?

2. **Empathie**. Si ton écoute est sincère, quelle compassion éprouves-tu devant les problématiques de tes interlocuteurs ? T'autorises-tu à dire ce qui te touche dans le contexte professionnel ? Comment témoignes-tu ton intérêt pour les personnes indépendamment de leur contribution aux résultats ?

3. **Sens curatif**. Prends-tu soin de ton écologie personnelle ? Dans ton équipe, encourages-tu ce soin chez autrui ? Es-tu attentif à l'environnement socioculturel dans lequel chacun exerce son rôle ?

4. **Conscience (de soi)**. Comment perçois-tu ton rôle actuel ? Que signifie pour toi de travailler en conscience de soi ? En

lisant ce livre, que mets-tu en pratique de l'ordre de la pleine conscience professionnelle ?

5. **Persuasion**. Quelles valeurs défends-tu et incarnes-tu dans ton environnement de travail ? Quelle influence positive exerces-tu autour de toi ? Qu'en disent les autres selon toi ?

6. **Conceptualisation**. Quelle est ta contribution stratégique, au-delà de l'action économique à court terme ? As-tu forgé ta propre vision du monde ? Comment la divulgues-tu dans ton environnement professionnel ?

7. **Prévoyance**. Comment formalises-tu les courbes d'expérience et les erreurs du passé ? Que t'inspire l'avenir en tant que leader ? Es-tu conscient de ton niveau de risque/prudence envers l'avenir ?

8. **Serviabilité**. As-tu le sentiment d'assurer la pérennité des actifs dont tu as la charge ? Quel intérêt portes-tu à l'intendance de tes décisions ? Quels actes de service exécutes-tu dans le quotidien professionnel ?

9. **Engagement envers le développement des personnes**. As-tu le sentiment d'être entouré de talents ? Pourquoi ? Comment fais-tu grandir les autres membres de ton équipe ? Quel plan de succession as-tu prévu ?

10. **Construction d'une communauté**. As-tu un sentiment d'appartenance à un collectif de travail ? La subsidiarité avec ton organisation a-t-elle un sens pour toi ? Quelle est la contribution de ton travail au bien commun ?

Comment sortir du dilemme du prisonnier ?

Comment concilier l'esprit de coopération avec l'atteinte d'objectifs de performance ? De plus en plus, les équipes sont prises en étau entre émulation et compétition, leurs membres étant priés de résoudre cette équation. Cette problématique a été posée par Melvin Dresher et Merill Flood dans les années 1950 en théorie des jeux, sous le nom de dilemme du prisonnier. Deux prisonniers complices d'un délit sont retenus dans des cellules séparées et qui ne peuvent communiquer. Trois options s'offrent alors à eux :

- option A : si un des deux prisonniers dénonce l'autre, il est remis en liberté alors que le second obtient la peine maximale (10 ans) ;

- option B : si les deux se dénoncent entre eux, ils seront condamnés à une peine plus légère (5 ans) ;

- option C : si les deux refusent de dénoncer, la peine sera minimale (6 mois), faute d'éléments au dossier.

Rendue célèbre par Nash puis par Axelrod, cette situation menée de façon itérative aboutit en général à une stratégie de perdant/perdant, puisque chacun choisit l'option B en croyant choisir l'option A. En fait, l'expérience démontre que l'option A n'a d'existence que théorique, elle est impossible en pratique : nous sommes condamnés à coopérer, la seule solution étant de converger vers l'option C. En d'autres termes, si tu cherches à maximiser ton intérêt contre celui d'autrui dans ton travail, tu crées, en définitive, une situation d'échec voire de blocage pour l'ensemble : un conflit s'installe, par mimétisme tu encourages l'autre à une tactique de nuisance ou de grève du zèle, tu dépenses une énergie démesurée à poursuivre ton but partiel au lieu de l'orienter vers le bien commun : l'intérêt du client, de l'actionnaire et des salariés qui forment le corps social de l'entreprise. Comment apprendre l'intelligence collective quand la logique rationnelle incline à te replier sur un bénéfice solitaire illusoire ?

D'une part, tu peux t'entraîner à faire des concessions sans en souffrir. Les Anglo-Saxons emploient le verbe *to compromise* pour nommer cette logique de l'accommodement si étrangère à l'égoïsme bien compris. Vois-tu le processus d'autolimitation auquel te conduit l'obstination d'un but contre les autres ?

Installé dans une vision plus large et plus détachée de ton ego, tu découvres le bénéfice que tu as à abandonner toute position radicale : un profit extérieur (construire le lien de confiance, donner à voir ta bonne volonté), mais surtout un profit intérieur (expérimenter le lâcher-prise, approfondir ton humilité).

D'autre part, tu peux accueillir la réalité comme le seul bien commun à partager. En faisant des concessions, tu élargis la problématique de départ à une question plus complexe, dans laquelle interviennent ton sens éthique, tes affects, la conscience de tes projections inconscientes. Si quelque chose résiste à ton désir, c'est que cette réalité a quelque chose à t'apprendre – en fait, c'est toi qui résistes à une évidence que tu ne veux pas voir : un combat perdu d'avance, une position de principe qui te prive d'une vision large, la peur de perdre du terrain. Veux-tu alimenter ces peurs ou faire confiance inconditionnellement à ce que la réalité immédiate te réserve ? La réalité, toujours frustrante, imparfaite, parfois révoltante et inconcevable, est fertile aussi de liens forts à partager.

Enfin, tu peux contribuer à des solutions partielles. Plutôt qu'un optimum illusoire, tu t'engages pour une solution de moindre insatisfaction : une telle démarche est de nature à souder une équipe autour de valeurs pacifiques, bien davantage qu'un succès éphémère.

Travailler pour une cause noble

Tu peux donc participer à l'harmonie professionnelle en faisant de petits pas vers les autres. Est-ce suffisant pour se sentir partie intégrante d'un projet commun, qui transcende les intérêts particuliers en présence dans le travail ?

Les actions d'intérêt général dans l'entreprise sont d'autant plus nobles qu'elles sont discrètes. Que devient la générosité quand elle est affichée comme une tactique de communication ? Pour autant, ton besoin de travailler au bien commun déborde le périmètre classique du travail : congés humanitaires, bénévolat de proximité, mécénat de compétence, don de soi spontané, les initiatives se multiplient chez tous ceux qui cherchent un supplément d'âme dans leur engagement professionnel. À quoi être attentif pour t'y adonner sans t'y perdre ?

D'un côté, tu peux interroger ton bénéfice secondaire. Plus la cause est désintéressée, plus tu peux explorer les mobiles que tu poursuis. Est-ce pour te changer les idées ou pour te sentir utile ? Est-ce un exutoire, une compensation ou une aspiration profonde, un plan B prometteur ?

D'un autre côté, tu peux choisir le degré de publicité. Si ton engagement au service de la collectivité est un acte privé, il n'en demeure pas moins qu'il rejaillit sur ton agenda et sur ta présence auprès de tes collègues. Qu'est-ce qui t'est plus confortable, entre le jardin secret et l'affirmation discrète ? As-tu envie de faire des émules, ou au contraire de préserver un espace de respiration et de sens intime ?

Enfin, tu peux changer le monde en conscience. « Sois le changement que tu veux pour le monde », disait Gandhi. Foin d'utopies collectives, ton monde intérieur est un territoire de changement par où tout commence. Prends acte de ta liberté de mouvement, de l'octroi de ton temps à des causes qui te touchent, et mesure le bénéfice immatériel que tu en retires. En élargissant ton expérience du bien commun, tu changes de regard sur ton travail, et ta bienveillance se reflétera dans ce dernier, sous forme de dévouement voire d'abnégation. Quelle résonance ton travail a-t-il sur ton environnement professionnel ? En quoi ta sincérité est-elle contagieuse ? Quels effets positifs cela a-t-il sur ta motivation au quotidien ?

En étant à l'écoute de ton besoin de sens, tu découvres un pouvoir de création du bien commun qui transcende les enjeux professionnels. Désormais, tu prends de la hauteur et envisages ton « être au monde » au-delà de ton rôle professionnel assumé. Insensiblement, tu expérimentes des moments de vérité où tu sens faire partie d'un tout plus essentiel. Voyons au chapitre suivant comment faire durer ces moments de vérité.

À quoi être utile ?

Dans ton agenda, relis les 15 derniers jours de travail, et tâche de distinguer les activités réellement productives des tâches de fonctionnement automatique. Replonge-toi dans les moments forts de la première catégorie, en te remémorant les instants où tu te sentais pleinement présent à ce que tu faisais, au contact d'un sentiment d'évidence et de justesse.

Quelle était ton intention en abordant cette journée ?

. . . .

. . . .

À quoi peux-tu voir que tu étais là, en pleine conscience de ton action ?

. . . .

. . . .

À qui a profité ton énergie productive ce jour-là ?

. . . .

. . . .

Quelles questions pertinentes ont animé ton action ?

. . . .

. . . .

Quelles questions inutiles ne t'es-tu pas posées ?

. . . .

. . . .

Un objectif qui n'est pas conforme à l'intérêt général a toujours des effets collatéraux

Le « *servant leadership* » inaugure un management en pleine conscience

Chacun aspire à une utilité qui transcende son intérêt personnel

AVOIR DES MOMENTS DE VÉRITÉ DANS SON TRAVAIL

> *« À la fin de chaque vérité, il faut ajouter que l'on se souvient de la vérité opposée. »*
>
> Blaise Pascal

VÉCU

Que nous restera-t-il de notre expérience professionnelle ? Au-delà des satisfactions éphémères et des ambitions contrariées, le temps érode l'accessoire et ne retient que l'essentiel : des moments intenses, l'évidence d'être à sa place. Les notions d'échec ou de succès, de sécurité ou de risque, qui ne parlent que de la part blessée de notre ego, font le plus souvent écran par rapport à notre sentiment profond d'être accordé, comme un instrument de musique qui résonne en harmonie. Nous pouvons cultiver ces instants de vérité dans le travail, simplement par la « fluidité » de l'instant. En rencontrant mes interlocuteurs dans un mode curieux et ouvert, je peux me relier à cette vérité profonde qui relie les êtres de façon invisible.

Chacun d'entre nous est un continent en soi, avec ses capitales et ses résidences de villégiature, ses territoires inconnus et ses océans de désespoir, ses fleuves affinitaires plus ou moins navigables. Prendre conscience de ma singularité peut me couper du lien avec les autres, dont la « carte du monde » m'est toujours étrangère. Or, les moments de vérité sont aussi des moments de fusion sans confusion, où chacun travaille à l'unisson de ce qui advient : le sentiment de vivre un instant unique, d'avoir brusquement les idées claires sur ce qui se joue, de disposer d'énergie décuplée pour travailler en confiance.

J'ai peur de la rencontre avec autrui, et la rencontre est pourtant le moteur de mon existence. Spontanément, je n'aime pas être pris au dépourvu, dérangé dans mon travail. Gouvernés par la performance individuelle, nous sommes nombreux à être conditionnés par une attention focalisée sur une tâche unique – les hommes davantage que les femmes, les experts plus que les managers et les artisans plus que les autres. Empiriquement, il semble que ce soit souvent la trace d'un refus d'incarnation, des âmes qui s'accommodent plus ou moins de leur corps, des professionnels romantiques et des tortues déguisées en lièvres. « Je peux m'en sortir tout seul, je n'ai pas besoin des autres. »

Cependant, si j'écoute ma tentation d'isolement, je me prive aussi de tout le sel de la relation, inattendue et créative. Car rien ne m'enthousiasme autant que les rencontres, la grâce de rencontrer en profondeur des êtres vivants différents, et toujours attachants. Pour être performant, on a besoin de se rencontrer vraiment. Chaque fois, j'expérimente qu'en passant outre à la peur que l'autre me nie, je fais toujours une rencontre providentielle et authentiquement partagée. C'est au contact des autres que j'éprouve mon être au monde. Dans le travail en particulier, la rencontre me connecte instantanément à la vibration du vivant : dans la fragilité de mon client, je reconnais la mienne, dans la compréhension d'un point de vue d'un collègue j'élargis le mien.

Quand la mécanique huilée des systèmes s'enraye commence la vraie vie. En somme, je me sens différent ou indifférent tant que je me vois séparé des autres ; mais dès lors que j'accède à un moment de vérité avec autrui, il n'y a plus que ce moment dans lequel nous baignons, en connivence et sans autre intention que de le vivre. Quel autre déclencheur de ces moments en vérité que la rencontre avec l'autre ? Quand je m'abandonne simplement à la rencontre ici maintenant, un déclic a lieu qui m'ouvre une conscience élargie de la situation présente : tel dossier urgent qui me préoccupe devient prétexte à une expérience humaine intéressante, le contenu de telle présentation s'efface devant la promesse de vivre un échange en profondeur avec les personnes présentes. L'autre qui fait irruption dans mon travail est l'étincelle qui réveille ma passion.

Je dois à ces rencontres vraies de m'avoir révélé des facettes de moi-même que j'ignorais : un de mes plus anciens souvenirs de fluidité fut un exposé sur

> « Quand la mécanique huilée des systèmes s'enraye commence la vraie vie. »

une pièce de théâtre de Jean Giraudoux en classe de première – en cours d'histoire ou de français, je ne sais plus. Avec un camarade et ami, nous avions ressenti un pur plaisir à la lecture de *La guerre de Troie n'aura pas lieu*. L'un et l'autre, nous avions envie de faire partager la passion pour ce texte écrit en 1935, la puissance de cette histoire traversant les âges. Nous nous sommes laissé toucher par cette émotion, nous portant volontaires pour un exposé que nous avons préparé sans effort. J'en garde le souvenir d'un moment de grâce, notre passion se communiquant à toute la classe. Nous n'y étions pour rien, il n'y avait plus d'enjeu scolaire ni de trac, seulement la force d'une expérience partagée de la rencontre avec la beauté d'une œuvre. Je me souviens de cette ivresse pure, de ce sentiment de plénitude et d'évidence, sans qu'il n'y ait rien à faire que d'y consentir. Ce moment s'est gravé en moi comme le premier d'autres séquences de la vie où j'étais plus agi qu'agissant. Ce ne sont pas nécessairement des instants exaltants, mais toujours vécus en pleine conscience : impossible de faire semblant ou de me dérober, je suis là sans être dévoré par le contenu de mon propos ou de mon action. Présent à Soi, plus grand que soi.

ZOOM

Être vrai dans son travail : quel est le risque ?

Comment concilier vérité et travail, paradis des faux-semblants ? Saint Augustin mentionne dans ses *Confessions* que la différence entre vérité et mensonge tient à l'unicité de la première, tandis que le mensonge est toujours pluriel. En entreprise, il s'agirait plutôt de tricherie que de mensonge. Dans les affaires, tout est relatif sauf la vérité d'un être, qui surgit quand on ne l'attend pas : un entretien d'embauche où les masques tombent, un séminaire d'équipe dans lequel « quelque chose » se passe, etc. Être vrai ne signifie pas de jouer les justiciers dans ton engagement. Tu peux adopter une posture d'ouverture à ces moments inattendus, où par inter-mittence, les vraies rencontres peuvent avoir lieu. Comment faire ?

D'un côté, tu peux rencontrer ta propre vérité et l'assumer intérieurement. Ne sois pas dupe de tes propres masques, tu sais ce qui t'anime et ce qui t'égare dans ton comportement au travail. Sans t'exposer inutilement à l'ire d'un manager où au conformisme du groupe, tu peux éprouver ta vérité grâce au contraste que les autres t'apportent. Comment peux-tu ampli-fier cette sensation d'être pleinement présent, nonobstant les impondérables de ton travail, vivre cette vérité comme une évidence dès qu'elle se présente ?

D'un autre côté, tu peux accueillir ce que révèle chaque situation extérieure de ton (in)adéquation au monde. Être là, c'est parfois être mal à l'aise avec ce qui est là. À cet instant, tu rends hommage à la flamme vive qui brûle même quand elle ne te réchauffe pas : en conscience de ce qui te manque, tu n'es déjà plus prisonnier de ce qui te manque. Les instants de vérité dans une journée de travail sont parfois de tout petits riens qui effacent de longs moments d'ennui, un regard croisé qui vous sourit, un rayon de lumière qui apaise. Cela ne change rien à ta réalité professionnelle, et cela change tout dans la façon de la vivre.

Enfin, tu peux choisir de « sortir de la boîte », pour reprendre le concept développé par l'institut Arbinger et appliqué au coaching par Bernadette Babault. En mode « ouvert », tu es dans la fluidité, ton premier mouvement est la confiance envers les événements de la vie. En mode « fermé », tu te trahis intimement en laissant aller tes pensées limitantes, qui justifient l'empêchement à tes yeux : « c'est toujours la même chose », « je ne suis pas à la hauteur », « sans moi, rien ne tournerait », « les autres ne me comprennent pas »… Tu peux choisir de cultiver le mode ouvert en renonçant à ces pensées parasites automatiques. Comment procéder ?

Travailler dans la fluidité

Certains auteurs de la pleine conscience nomment « *zone* » l'état d'ouverture intérieure qui caractérise la fluidité. Pour Csíkszentmihályi, le « *flow* », traduit par fluidité, est un état précaire qui ne se commande pas, une zone intermédiaire entre l'anxiété et l'ennui. Dans la vie professionnelle, la fluidité se distingue des moments de *speed* et des moments de vacance où tu essaies d'interrompre le stress de ton travail. Comme lorsque tu sens que ton geste est juste dans un sport, la fluidité survient quand tu sors d'un mode conditionné pour laisser la curiosité gouverner ta conduite. Comment plonger dans la fluidité quand les routes du travail sont tracées par des réunions fixes, des « livrables » et des critères de performance non négociables ?

Primo, tu peux te concentrer sur ton travail sans être envahi par celui-ci. Tu épouses le mouvement en n'étant pas obnubilé par l'objectif que tu es censé poursuivre. Si tu as des responsabilités sur un projet, tu peux regarder le projet comme étant mû par sa propre force, que tu accompagnes seulement. Quels ressentis éprouves-tu lorsque tu *es* à ce que tu *fais* ? Vois-tu le bénéfice d'être l'instrument d'un mouvement naturel et positif qui te dépasse ? Comment vois-tu l'issue du projet de ce nouveau point du vue ?

Secundo, il s'agit d'être immergé dans le présent, en suspension de jugement. Quand tu es immergé dans la situation, les questions qui te préoccupaient auparavant s'évanouissent miraculeusement. Tu peux témoigner à ton entourage de cette pleine conscience et, par contagion, manager par la fluidité. Qu'est-ce qui caractérise cet état en termes de sensations ? Que peux-tu raconter de cette expérience immédiate ? À quoi reconnaîtras-tu ton travail en mode ouvert, à la prochaine occasion ?

Tertio, tu peux jouer avec la fluidité pour être plus performant dans ton quotidien. La curiosité et le goût du jeu sont incompatibles avec le mode fermé. Quand tu es en jeu dans le moment présent, tu adoptes une lecture créative de ton contexte et vois des solutions qui t'échappaient auparavant : peut-être s'agit-il uniquement de faire durer le plaisir, d'entretenir la flamme vive de ce moment ? Quelles idées lumineuses te viennent lorsque tu es en mode ouvert ? Comment peux-tu t'entraîner à ne pas *avoir* de question pour *être* toi-même la réponse ?

Cesser d'être compulsif avec les autres

Quel est le lien entre ces moments de vérité intime et la relation aux autres ? Après tout, tu peux être entouré de collègues étanches à la pleine conscience, n'y voyant qu'autosuggestions hasardeuses et faux nez euphoriques. Vus de l'extérieur, ces moments de vérité sont incommunicables et facilement réfutables. Et si c'était une bonne nouvelle qu'on ne puisse mettre en équation la fluidité ? La vérité est davantage dans la fiction que dans les essais, trop près de la soi-disant réalité : la fluidité est ce que tu éprouves le plus aisément dans l'évasion par un film ou une musique ou la lecture d'un roman.

La faculté poétique dépend autant de l'œuvre que du spectateur. Il en va de même pour le travail, indissociable de ta posture ouverte/fermée. En cultivant les moments d'« existence absolue », pour reprendre le terme de Yannick Haenel dans son roman *Cercle*, tu entres en résonance avec ton entourage plus intensément.

D'une part, tu cesses d'agir par compulsion. Soudain, tu es dans la fluidité du moment présent, et tu vois les autres comme tu ne les as jamais vus auparavant : tu perçois la complexité humaine de tes partenaires professionnels, tu ne peux plus ignorer leur vie privée au-delà du cadre de travail, tu entres dans une qualité de présence à leur réalité qui fait fondre toute velléité de polémique en toi.

D'autre part, tu dissous ton ego. En épousant le mouvement du présent, tu te relies profondément à une non-séparation avec tes clients et partenaires, managers et collaborateurs. Désormais, tu n'es pas prisonnier d'un point de vue singulier, tu l'inclus à une vision plus vaste de la situation : ton quotidien professionnel est une terre de rencontres et d'expériences à défricher, tout ce qui arrive est une occasion de t'accorder davantage avec l'ordre (ou le désordre) des choses. Ton équipe, ta filiale, ton actionnaire, ton marché participent d'un mouvement inéluctable d'unité (ou d'entropie) qui inspirent humilité et liberté de conscience.

Enfin, tu vibres à l'unisson avec le vivant dans ton travail. L'humilité, c'est accepter d'inscrire ton action dans un processus vivant qui te dépasse. Ce faisant, tu es semblable aux autres. Les moments de vérité te font éprouver la vacuité d'occupations courantes, et la gratitude pour leurs fondements : la confiance latente en ce qui est là, le goût du travail bien fait, la bonne volonté intrinsèque de ton entourage – la liste est longue des forces vives que tu ne perçois que lorsqu'elles semblent t'échapper.

Qui témoigne mieux de la fluidité que ceux qui l'ont trouvée en perdant tout le reste, suite à un accident vasculaire cérébral par exemple ? La vie professionnelle nous entraîne à cultiver la fluidité sans attendre la catastrophe, crise publique ou incident privé. Es-tu disposé à persévérer dans la pleine conscience ?

Kit anti-stress : comment changer de niveau de conscience professionnelle

Prends un instant pour respirer en pleine conscience. Bien installé dans ton fauteuil, l'esprit au repos, repense à un moment professionnel vrai, où tu t'es senti dans une fluidité absolue : sentiment de facilité d'exécution, d'immersion dans ton action et d'ouverture aux possibles.

Comment décrirais-tu l'état interne (physique, émotionnel, mental) de ce moment vrai ?

....

....

Qu'est devenu ton stress habituel pendant ce moment vrai ?

....

....

Quel enchaînement d'actions s'est révélé profondément efficace dans ce moment vrai ?

....

....

Quel regard portais-tu sur ton entourage professionnel et personnel dans ce moment vrai ?

....

....

Que peux-tu imprimer dans ta réalité présente de cette expérience de fluidité ?

....

....

La vie professionnelle est une comédie sociale qui n'empêche pas des liens authentiques

La vérité est toujours le plus court chemin vers la performance

Les moments de fluidité s'exercent par une curiosité vis-à-vis de tout

PERSÉVÉRER SUR SA VOIE

VÉCU

Qu'est-ce qui nous fait nous lever le matin pour aller travailler ? Quel est l'ingrédient de notre motivation, au fil des ans ? La routine a-t-elle raison de nos passions initiales ? Le sens même de notre métier est-il voué à s'éroder au profit du revenu et du statut que le travail octroie ? Travailler en conscience, c'est aussi apprendre à durer et à endurer. La persévérance apprend à voir l'épreuve derrière l'obstacle, et à trouver sa voie intérieure face aux impasses extérieures.

Qui n'a jamais connu l'ennui abyssal de certains moments professionnels, la lassitude des gestes obligés, la sensation d'être piégé dans une voie sans issue ? Ma « tentation d'exister », pour reprendre les termes de Daniel Sibony, s'exprime souvent dans le travail, et s'y trouve rarement comblée. Et si, au lieu d'envisager la vie professionnelle comme un manteau d'orgueil, je l'abordais comme un déshabillage progressif des chimères de l'ego ?

Travailler, est-ce persévérer dans une illusion d'exister ? Longtemps, j'ai conjuré ma désespérance par une recherche effrénée d'activités, pour me sentir exister plus intensément : je connais la part insatiable de mon engagement professionnel. Quand David Servan-Schreiber ou Guy Corneau racontent que leur agenda surchargé est en lien avec leur dépression ou leur cancer, je sais de quoi ils parlent : saurai-je m'arrêter à temps ?

Travailler, est-ce une école de l'humilité ? Nous construisons des châteaux de sable comme s'ils étaient « *built to last* », pour reprendre le titre de Jim Collins. Quand ai-je le plus progressé, dans mes avancées ou dans mes arrêts forcés ? Les entreprises en changement connaissent désormais le modèle de la « destruction créative », sorte d'adaptation du *potlatch* mélanésien à la compétition économique. Pour lâcher l'illusion, il nous faut tenir à celle-ci vaille que vaille, jusqu'au point de rupture où le mirage se dissipe. « La route, c'est qu'il nous faut vivre sans route », énonce Patrick Chamoiseau dans *Le Papillon et la Lumière*. Nous sommes comme le papillon, attiré par la lumière qui signifie aussi sa chute. Ma vie professionnelle n'est peut-être qu'une succession d'ascensions et de chutes, d'espoirs et de déceptions. À chaque désillusion, le précipice est plus profond, mais j'ai moins le vertige : en brûlant mes vaisseaux tangibles, je tire bénéfice de l'épreuve du feu, je m'allège des faux objectifs qui me servaient de balises. Persévérer pour mieux renoncer, le sens du travail est-il donc paradoxal à ce point ?

« Ça va passer » et « pourvu que ça dure » sont les deux expressions du même degré zéro de la motivation : dans les deux cas, je subis mon destin, funeste ou chanceux. L'assomption de ma motivation professionnelle est une question de posture interne, non pas d'occasions extérieures : « Vivre, c'est s'obstiner à achever un souvenir », disait René Char. Dans mon engagement professionnel, tout se passe comme si je poursuivais un rêve les yeux bandés, alors que c'est le rêve qui me court après.

Il faut consentir à s'absorber dans son travail, sans savoir bien ce que l'on y cherche, sinon l'expérience même du travail bien fait.

Quand je m'immerge dans mon action en pleine conscience, je retrouve la volupté enfantine des longues heures sur une tâche qui me semblait

> « "Ça va passer" et "pourvu que ça dure" sont les deux faces du degré zéro de la motivation : dans les deux cas, je subis un destin, funeste ou chanceux. »

alors essentielle : un dessin, une rédaction, un exercice. Je me souviens que tout le reste disparaissait, qu'il y avait une certaine volupté à y concentrer toute mon attention et tous mes efforts : il ne s'agissait plus alors de faire mes devoirs mais d'être transporté par une quête d'absolu, chaque geste étant comme en apesanteur. Et si, plutôt que le jugement d'autrui, c'était ma pure intention qui avait le pouvoir de transformer un labeur en un chef-d'œuvre ?

Dans la vie adulte, je crois que la motivation émerge lorsqu'on s'emploie à tout donner comme si sa vie en dépendait à chaque instant. Mon travail n'est trivial que si je cesse d'y mettre mon cœur et mon âme, me coupant alors de tout sens intime. Quand je suis en pilote automatique parce que trop préoccupé par mes pensées, la tâche à accomplir n'en est que plus pesante à mes yeux. Alors que si j'approfondis mon mouvement intérieur, je découvre que mon endurance puise autant dans mon instinct de survie que dans une « nostalgie de l'admirable », comme le dit joliment Bertrand Vergely. Qu'importe que je persévère dans mon espérance – d'honneurs, de succès, de compétences – ou dans ma désespérance – sauve-qui-peut matériel, violence symbolique –, c'est toujours la voie d'accès à une autre dimension de soi : j'expérimente la sensation de faire ce qui est juste plutôt que de bien faire, de faire de mon mieux plutôt que « peut mieux faire ». Une journée de travail dans cette conscience nous met au contact d'une plénitude et d'une vacuité qui sont en soi un enseignement de sagesse professionnelle : plénitude d'avoir témoigné de l'amour dans le moindre de nos gestes, et vacuité de voir que la satisfaction intérieure ne dépend pas du résultat final.

ZOOM

Le cœur à l'ouvrage

La persévérance, c'est l'obstination sans la névrose. Les *Lettres à un jeune poète* de Rilke sont le plus bel exemple qu'il m'ait été donné de lire de cette injonction ardente à « descendre dans le solitaire de soi-même » pour « croître selon sa loi ». Voici deux extraits particulièrement éloquents du plongeon de la foi dans son travail.

« Votre entendement restera peut-être en arrière, étonné : mais votre conscience la plus profonde s'éveillera et saura. Vous êtes si jeune, si neuf devant les choses, que je voudrais vous prier, autant que je sais le faire, d'être patient en face de tout ce qui n'est pas résolu dans votre cœur. Efforcez-vous d'aimer vos questions elles-mêmes, chacune comme une pièce qui vous serait fermée, comme un livre écrit dans une langue étrangère. Ne cherchez pas pour le moment des réponses qui ne peuvent vous être apportées, parce que vous ne sauriez pas les mettre en pratique, les "vivre". Et il s'agit précisément de tout vivre. Ne vivez pour l'instant que vos questions. Peut-être, simplement en les vivant, finirez-vous par entrer insensiblement, un jour, dans les réponses. Il se peut que vous portiez en vous le don de former, le don de créer, mode de vie particulièrement heureux et pur. Poursuivez en ce sens, – mais, surtout, confiez-vous à ce qui vient. […] Il est bien que vous adoptiez d'abord une carrière qui vous rende indépendant et vous livre entièrement, et dans tous les sens, à vous-même. Attendez patiemment de savoir si votre vie la plus profonde se sent à l'étroit dans le cadre de votre métier. Je tiens ce métier pour difficile et plein d'exigences, alourdi qu'il est par le conventionnel, ne laissant aucune place à la personnalité. Mais votre solitude, même dans ces conditions contraires, vous sera soutien et foyer ; c'est d'elle que vous tiendrez tous vos chemins[9]. »

J'imagine ta réserve, cher lecteur : en quoi ton travail a-t-il à voir avec cette persévérance dans la solitude de la création artistique ?

D'un côté, tu peux aller au point précis de ce qui t'incombe dans ton action, ni plus ni moins. Est-ce à ta portée ? Vois-tu la responsabilité, même mineure, que cela comporte ? En y mettant une intention positive, colorée par tes valeurs personnelles, vois-tu les variations de jeux, de surprises et de bonheur diffusées autour de toi que cela t'autorise ?

De l'autre côté, tu peux trouver ta motivation en ignorant ce qui est attendu par autrui. Ce rapport mystérieux à l'œuvre que tu poursuis n'appartient qu'à toi. L'amour de ton travail construit sa valeur. Est-ce le fruit d'une promesse ancienne, le plaisir renouvelé d'un enchaînement de relations et de services que tu rends avec plaisir, la jubilation d'accomplir à petite échelle ta contribution à changer les choses à plus large échelle ?

Enfin, tu peux adopter une attitude juste dans ton action, à tout instant. Renonçant à l'attente d'être comblé par autrui, tu peux devenir l'artisan de ta propre appréciation professionnelle, en *étant* le résultat que tu *poursuis* : faire du sentiment d'injustice

---

9. Rainer Maria RILKE, *Lettres à un jeune poète*, BeQ, Classiques du XXe siècle, p. 26, 32.

une ressource pour ton autonomie, faire de l'absence de reconnaissance une invitation à t'aimer davantage, faire de l'incompréhension d'autrui une occasion de creuser encore ton sillon personnel, etc.

Ton ajustement au monde extérieur n'empêche pas que tu continues à explorer ta propre voie, à écouter ta voix intérieure. Comment persévérer sans ignorer le pragmatisme ?

Rome ne s'est pas faite en un jour

L'écart entre ton aspiration et le contenu exact de ton travail actuel te semble parfois insurmontable. Et si tu renonçais à la grandiosité que tu projettes dans l'avenir, pour t'y consacrer ici, maintenant ?

Quelle que soit ton ancienneté dans ton métier ou dans ta fonction, tu es toujours un débutant. Travailler en pleine conscience, c'est apprendre à vivre avec les moments où le travail est exaltant et avec ceux où il ne l'est pas. Motivation *vs* découragement, l'aller-retour incessant entre les deux polarités est le mouvement auquel tu es le moins préparé, sans doute, préférant te fixer sur un état prétendument définitif : job alimentaire, travail transitoire, œuvre utile… Voici quelques pistes pour t'affranchir de ces mots momifiants.

Primo, tu peux affermir ta quête au gré des obstacles qu'elle rencontre. En cherchant la congruence entre qui tu es et ce que tu fais au quotidien, tu orientes ton regard vers le plus juste de toi-même. Au lieu de procrastiner ou de te disperser, tu t'emploies à agir sans te trahir. Cette épure, tôt ou tard, t'apportera de l'harmonie. Qu'es-tu prêt à sacrifier séance tenante pour ne pas trahir l'essentiel de toi-même ? Comment peux-tu orienter ton projet professionnel dans un sens plus cohérent ?

Secundo, tu peux situer ton ambition personnelle dans un mouvement universel de la conscience humaine. Accueille les événements qui jalonnent ta carrière comme autant de tests de ta solidité intérieure. Comment peux-tu faire confiance à ta bonne étoile pour te mettre sur la voie d'un travail à ta mesure ?

Tertio, tu peux apprivoiser l'impermanence en conciliant courage et solitude. Le chemin vers soi est un chemin de crête, où tu es parfois ton pire ennemi : la peur de s'égarer, le besoin de conformité bousculent tes certitudes au gré des bonnes et mauvaises nouvelles qui agitent la surface de ta réalité professionnelle. En t'intériorisant plus souvent, tu découvriras que ton but n'est rien d'autre que ton point de départ, enfoui voire oublié : la foi en quelque chose de plus grand que toi, que tu portes en toi. Qu'as-tu accompli en faisant preuve de patience ? Quelles situations inextricables se sont arrangées miraculeusement tant que tu gardais espoir ? Si tu perdais ton travail actuel, quelle voie de liberté s'ouvrirait aussitôt ?

Tout donner sans se tuer à la tâche

Cela peut sembler paradoxal de persévérer sur sa voie quand la question consiste, précisément, à trouver sa voie… À côté des autres vertus théologales que sont la charité (« une mère, une sœur ») et la foi (« une épouse fidèle »), l'espérance est, selon Charles Péguy, « une toute petite fille de rien du tout ». Comment lui prêter une attention juste ?

D'une part, tu peux envisager ton travail comme si tu étais un sportif de haut niveau. Être généreux de ton énergie sans t'épuiser, en ayant une conscience élargie de ta performance. Cela requiert que tu connaisses tes limites, que tu t'entraînes incessamment, que tu saches t'entourer de regards compétents et bienveillants, que tu apprennes à maîtriser la douleur par une préparation mentale adaptée, et d'autres attitudes nécessaires. Mais ce n'est pas suffisant, il te faut aussi t'abandonner complètement à l'intelligence du mouvement. Es-tu prêt à te voir comme le champion de ta propre vie professionnelle ?

D'autre part, tu peux envisager ton travail comme si tu étais un pèlerin sur le chemin de la vocation professionnelle. Pour parler comme l'Ecclésiaste, il y a un temps pour construire ses études et un temps pour profiter d'une opportunité de stage, un temps pour faire ses preuves et un temps pour faire partie d'une aventure collective, un temps pour croître et un temps pour passer le relais… Cette succession de « vanités » n'a de sens que si le chemin en a un. À quoi te raccrocher si seul le chemin qui se dessine au fil des ans a un sens ? À rien. Ou plutôt, à des riens qui ne figureront jamais sur ton *curriculum vitæ* : des signes qui t'encouragent ici où là, des guides, réels ou imaginaires, qui t'inspirent au fil du temps, des talents subtils que tu portes sans le savoir. Persévérer sur son chemin, c'est être en pèlerinage vers son humilité.

Dans son autobiographie, Jean-Yves Leloup raconte son « itinérance » entre *L'Absurde et la Grâce* : l'absurdité d'être né, le néant de la vie sans conscience, puis la grâce vécue comme une illumination, un jour où il reçut un croissant et un chocolat chaud alors qu'il était SDF, puis encore l'absurde de se croire arrivé à un stade de spiritualité élevée, et de nouveau la désillusion et la fidélité, mêlées de plus en plus. Quel est son enseignement en termes de motivation professionnelle ? Voir plus globalement que les moments de réussite et les moments d'échec, éprouver ta fragilité dans les moments d'apparente puissance. Travailler en pleine conscience du paradoxe entre ton chef-d'œuvre et ton labeur, sans jamais te réduire à l'un ou l'autre.

« Dire que "tout est absurde" ou dire que "tout est grâce", c'est également mentir ou tricher… Comme mourir et ressusciter, l'absurde et la grâce sont les deux revers d'une même médaille. […] Ne plus séparer cette joie et cette douleur. Ne plus éborgner l'histoire (puisque tout cela fut vécu au même instant).

Vivre jusqu'au bout les paradoxes parfois insoutenables de l'Incarnation. Notre vie inséparable de la mort ne peut être que paradoxale… Alors, aimer la nuit et s'attendre au jour, aimer le jour et laisser venir la nuit[10]. »

Travailler à son chef-d'œuvre

En prenant exemple de ta situation professionnelle actuelle, songe à une action dont tu es particulièrement fier, qu'elle ait été saluée par autrui ou non.

Quelle était ton intention première en agissant de la sorte ?

. . . .

. . . .

Qu'est-ce qui fut significativement différent d'une tâche anodine ?

. . . .

. . . .

Qu'as-tu éprouvé d'inouï à tes yeux en accomplissant cela ?

. . . .

. . . .

---

10. Jean-Yves LELOUP, *L'Absurde et la Grâce*, Albin Michel, 1991, p. 413-417.

Songe à présent à une action dont tu as relativement honte dans ton rôle professionnel récent, même si tu n'as pas été sanctionné pour cela.

Quelle était ton intention première en agissant de la sorte ?

....

....

Quel est le point commun avec ce que tu as répondu plus haut, source de fierté ?

....

....

Quel enseignement peux-tu en tirer quant à ta persévérance sur ta voie professionnelle ?

....

....

Lâcher prise et tenir bon sont les deux leviers paradoxaux de la pleine conscience

Chacun poursuit la combinaison parfaite entre son travail et son chef-d'œuvre

L'amour du travail bien fait est la clé de voûte de la motivation

EXERCER SON LEADERSHIP : L'ART DU LAISSER-ÊTRE

VÉCU

Peut-on s'abandonner complètement à son travail ? Le chemin de la pleine conscience professionnelle nous conduit à revisiter notre volonté, sacro-sainte pierre angulaire de nos ambitions en tous genres : un nouveau job, un meilleur salaire, un rôle d'influence dans l'organisation... Comment concilier agir et lâcher prise ? Et si la volonté servait à s'en défaire ? Regardons à présent le leadership comme l'art du laisser-être. Les nouveaux leaders sont volontaires pour laisser agir le mouvement du vivant.

Comme tout travailleur indépendant, je suis habité par la productivité. Pour un consultant, un artisan, une profession libérale, le travail est la transformation du temps en argent. Benjamin Franklin est notre saint patron. Quel manager salarié n'a jamais rêvé de s'installer à son compte, de se débarrasser du joug hiérarchique pour se consacrer à sa passion ? Mais « l'entreprise de soi » n'est pas sans danger.

Dès que je fais profession d'une passion, la routine me rattrape et fige mon élan premier. Car il y a plusieurs façons d'être absorbé dans mon activité : je peux m'y plonger à corps perdu, m'y épuiser de façon prométhéenne… ou bien abandonner la notion de moi agissant et laisser l'être s'y déployer. Parfois, je suis totalement « absent », tellement occupé par une tâche que j'en oublie de manger, la terre peut s'écrouler, je n'entends même pas les questions que l'on me pose, au grand dam de mon entourage ; et parfois, *a contrario*, je suis présent à tout ce qui se passe, à la fois dedans et m'y voyant agir comme en vue d'hélicoptère, œuvrant sans effort à ma tâche, mais traversé par tous les signes extérieurs qui imprègnent mon action (*cf.* chapitre 17). Pour moi, la pleine conscience au travail, c'est l'oscillation entre ces deux formes d'engagement : se voir tantôt libre d'agir et tantôt occupé par l'action, sans pouvoir influer sur le mouvement : ici opère le passage de l'agir à l'être au travail. Que devient le leadership dans cette aptitude à se laisser travailler par son travail ?

L'équation du leadership consiste en un dosage subtil entre vouloir et lâcher-prise : être concentré et, en même temps, se dissoudre dans l'activité, maîtriser le contenu et faire confiance au processus, décider vite et agir en profondeur, dans la durée. Dans cet entre-deux se déploie mon être au travail qui court-circuite mon action compulsive : vouloir lâcher prise, c'est toujours laisser l'ego aux commandes. Épouser le mouvement ne signifie pas que l'on est passif, mais que l'on s'immerge dans le Soi, une volonté plus puissante que son ego où tout ce qui advient est juste : les succès et les revers, les situations d'harmonie et de tension, les vides et les pleins – dès lors que je vois ce qui se joue profondément dans mon travail, je n'agis plus dessus comme un forcené. Je consens à être simplement à ma place, présent à tout ce qui compose ma réalité, je vois ce qui me relie aux autres parties prenantes de l'organisation, et mon action prend un sens plus large : au lieu d'en faire plus, je m'emploie à être avec. Comment procéder ?

L'enseignement est pour moi une expérience particulière de laisser-être, une co-création contemplative. À chaque nouvelle promotion d'étudiants, j'ai la même tentation de démontrer, d'avoir un impact – bref, d'alimenter mon besoin d'exister. J'ai longtemps procédé ainsi, donnant tout sans rien accepter en retour. Peu à peu, j'ai pris conscience que ma seule responsabilité d'enseignant était d'être en présence de l'Être, en lâchant tout projet pour les étudiants et toute intention pour moi-même : au lieu de mettre mon attention sur le contenu du cours ou la satisfaction des élèves, je m'emploie à me laisser traverser par le mystère de la rencontre entre nous, et plus encore en chacun de nous. Empli

> « L'équation du leadership consiste en un dosage subtil entre volonté et lâcher-prise. Dans cet entre-deux se déploie l'être au travail. »

de gratitude et de confiance pour la vie qui s'y épanouira, curieux des surprises qui jalonneront mon séminaire, je me laisse porter par la force du « nous », il n'y a plus de « moi » ni d'« eux », seule une qualité de présence qui est agissante. Sans effort ni fatigue, je suis témoin et interprète du sens qui se déploie de séance en séance. Mon rôle est de laisser être pour que « ça » travaille. Au lieu du stress du résultat, grandit l'excitation de s'abandonner à l'émergence du vivant. Enseigner m'apprend à mettre ma volonté au service de son extinction. Travailler en pleine conscience m'apprend à revenir à la source de ma bonne volonté : l'appel d'être qui occupe tout, le Soi qui nous veut du bien, l'*amor fati*[11] qui guide mon action. Et toi, quelle est ta profession de foi ?

ZOOM

Le leader en pleine conscience renonce à sa volonté souveraine, il consent à laisser être : sa vision est porteuse sans être mégalo, son pilotage est ferme sans être autocratique. Il accompagne un mouvement qui le dépasse : au quotidien, toute efficacité professionnelle semble soumise à l'action volontariste du leader. Comment y échapper ?

Être en silence, c'est faire œuvre utile

Tu peux explorer cet espace de laisser-être en sortant de l'agitation du mental.

D'une part, tu peux conduire le silence au cœur de ton action. Laisse-le se déployer dans une réunion au lieu de parler par automatisme, laisse-le surgir quand tu es désarçonné au lieu de l'étouffer par un jugement hâtif. Laisse-le te rendre pleinement disponible quand un collègue te sollicite au lieu de l'assaillir de conseils. Quand tu es en présence de ce silence intérieur, tu te relies à quelque chose d'universel, plus grand que ton action immédiate.

Écoutons comment Daniel Morin, ancien ouvrier métallurgiste et disciple d'Arnaud Desjardins, décrit ce laisser-être : « Écouter vraiment, c'est ne rien prendre, être conducteur de…, laisser les sens fonctionner pleinement sans vouloir saisir, sans analyser, sans se cramponner à un raisonnement.

---

11. J'ai développé ce point dans le chapitre 9, « *Amor fati*, rendre grâce à ce qui nous transcende », d'un précédent ouvrage, *Coaching de soi*, Éd. d'Organisation, 2010.

C'est se laisser faire, se laisser imprégner par l'expérience, sans protection. Dans les milieux spirituels, il y a souvent cette injonction : "Ouvrez-vous, accueillez." La vraie conduction, c'est non seulement accueillir, mais surtout laisser partir, laisser partir. Accueillir sans laisser partir, c'est du recueil, et non de la conduction. Quand on est vraiment dans l'écoute, on est au plus près de l'expérience de l'unicité. En l'absence du moi possesseur, la Vie se révèle telle quelle. La liberté se trouve là, dans la fluidité, dans l'absence à son histoire, à son image… Il n'y a pas de distance entre moi et la réalité. À aucun autre moment l'on ne pourrait être plus près ou plus loin de l'Être. Et ne pas le sentir, c'est aussi une expression de la Totalité[12]. »

D'autre part, tu peux laisser une place pour l'indécidable dans ton action. Peut-être que l'action professionnelle ne se mesure pas à la performance visible et insolente, mais aux décisions insignifiantes sur le moment : le choix d'un nouvel emplacement géographique, la qualité de présence envers ton équipe, le triomphe modeste face à tes concurrents. En préférant le silence au bruit, tu te rends disponible au souffle de la conscience plutôt qu'au fracas de l'action spectaculaire, comme le prophète Élie : « Et voici que Dieu passa. Il y eut un grand ouragan, si fort qu'il fendait les montagnes et brisait les rochers, mais Dieu n'était pas dans l'ouragan ; et après l'ouragan un tremblement de terre, mais Il n'était pas dans le tremblement de terre. Et après le tremblement de terre un feu, mais Il n'était pas dans le feu ; et après le feu, vint le bruit d'une brise légère. Dès qu'Élie l'entendit, il se voila le visage avec son manteau, sortit et se tint à l'entrée de la grotte. Alors une voix lui parvint, qui dit : "Que fais-tu ici, Élie ?" » (*La Bible*, Ancien Testament, Livre des Rois, I, 19, 11-13).

Soulagé du perfectionnisme, tu peux concilier détermination et humilité, engagement et renonciation. Pendant que tu

---

12. Daniel MORIN, *Éclats de silence*, Éd. l'Originel, 2010, p. 65.

cultives l'être, tu densifies ton action. Concrètement, comment concilier « je travaille » et « je suis » ?

Comment s'émerveiller au travail ?

Pour exercer ton leadership en conscience, tu dois laisser être l'Être. Regarde ton quotidien professionnel. À côté de ton *agenda* (littéralement : « ce qui te reste à faire »), je t'invite à remplir un *essendo*, gérondif du latin *essere*, que l'on peut traduire ainsi : « ce que tu as à être ».

D'une part, tu peux t'entraîner à être disponible. Dans l'aller-retour entre ton monde intérieur et le monde du travail, l'essentiel est dans ton accord pour te laisser remuer, pour que ton soi puisse saisir le Soi en se frottant au réel : une rencontre improbable qui fait de ton déjeuner un moment d'exception, un spectacle de la nature qui embellit ta journée, une marque d'attention envers un collègue qui change ton regard sur ce dernier… La disponibilité est d'abord une disposition intérieure qui oriente ton travail dans une action oblative, où tu renonces à la toute-puissance. Es-tu prêt à te laisser bousculer par des sensations plus subtiles que la stimulation de l'instant, en plongeant dans l'être-là ?

D'autre part, deviens hypsitarien. Ce mot désuet fait référence à un mouvement religieux répandu en Asie mineure du IIe siècle avant J.-C. au IVe siècle après ; monothéiste mais ni juif ni chrétien, il fascina Goethe : « Ils se déclaraient prêts à estimer, admirer, vénérer tout ce qui parviendrait à leur connaissance d'excellent et de parfait. Cette découverte fit jaillir en moi un rayon de joie, car je sentis que pendant ma vie entière, je m'étais efforcé de me comporter en hypsitarien[13]. » À chaque occasion, tu peux cultiver ton sens de l'admirable

---

13. Lettre de Wolfgang GOETHE à Sulpice BOISSERÉE du 22 mars 1831, traduite et citée par Michel LACROIX, *Le Culte de l'émotion*, Marabout, 2010, p. 258.

dans ton travail : la faculté d'émerveillement est un ingrédient de motivation bien plus grand que les *incentives* tels qu'une promotion hiérarchique ou une prime exceptionnelle. Que relèves-tu de digne d'admiration dans ton entourage professionnel et comment peux-tu t'en imprégner en parallèle à ton action ?

Enfin, tu peux t'abandonner à la confiance. Regarde les tâches figurant dans ton agenda dont le seul objet est de conjurer ta peur du risque, ton angoisse de ne pas exister assez intensément. Abandonne ces tâches, et plonge dans la volupté d'être ! Comme l'écrit joliment François Garagnon, « l'abandon mène à l'abondance ». C'est un acte de foi que de t'émerveiller face à ce qui est là au lieu d'agir furieusement pour combler un manque d'avoir. Peux-tu hiérarchiser tes priorités en mettant l'être au centre de ton action ? Vue sous cet angle, une rencontre avec un importun peut s'avérer bien plus enrichissante que tu ne l'imagines : en étant au contact du don désintéressé, tu t'ouvres de nouvelles perspectives, et comme par enchantement, ce rendez-vous s'avère plein de promesses inattendues.

De l'homme-orchestre au chef d'orchestre

Qu'est-ce que l'action contemplative ? Peut-on concilier le rythme effréné de l'entreprise avec le mouvement de l'âme vers la pleine conscience ?

Il s'agit de s'effacer devant la puissance de l'action en conscience, véritable « être-agir » au travail. Notre ego se dissout lorsque nous baignons dans l'expérience du vivant, et que nos pensées ne gouvernent plus notre action.

En clair, je t'invite à passer de l'homme-orchestre au chef d'orchestre : renonçant à ton illusion d'autonomie, absent à force d'omniprésence, impuissant à force d'omnipotence, tu découvres que ton travail est tout entier tourné vers une chose : la pureté du geste. Attentif à l'ensemble et au détail, porté par l'harmonie et non par la succession des notes, le chef d'orchestre s'efface derrière chaque instrumentiste, il n'en est plus que le conducteur. Impossible d'isoler un instrument quand tous jouent à l'unisson. Il dirige mais sans ses musiciens, il ne produit rien. La métaphore s'applique bien sûr à tes équipes si tu es en situation de leadership (*cf.* chapitre 18). Mais elle s'applique davantage encore à ton orchestre intérieur, à toutes les variations de ton être au travail avec lesquelles tu composes : ton expérience et tes aspirations, tes compétences et ton génie, tes succès et tes échecs – peux-tu unifier ce qui semble divisé ?

En pleine conscience, tu peux nourrir ton besoin d'être autant que ton besoin d'agir, de façon équilibrée. En remplissant ton *essendo* et pas seulement ton *agenda*, nourris ton action visible d'une espérance invisible, et réciproquement. L'un est le diapason, l'autre le métronome. Espérer sans attendre, c'est construire son action professionnelle à partir d'un socle et non d'une béance. Quelle que soit ton entreprise, quel que soit ton métier actuel, il y a un sens à ton action que ton travail n'épuise pas. Quel est l'être qui sous-tend ton action présente ? Souhaites-tu faire sans ou faire avec ?

Se forger ses propres outils de leadership

*Nous avons découvert l'**essendo**, face cachée de l'agenda, 100 % dans l'être. À toi maintenant de te forger un outil de leadership en pleine conscience. En revisitant les derniers temps forts de ton existence professionnelle, tu recueilles des principes actifs, riches d'enseignement. Prends une respiration profonde, et va à la rencontre d'une situation professionnelle récente où tu t'es senti particulièrement juste, efficace et confiant.*

Avec le recul, quel état d'esprit as-tu adopté inconsciemment qui a contribué à ton succès ?

....

....

Quelle vérité universelle as-tu éprouvée en agissant de la sorte ?

....

....

Quel principe de leadership peux-tu tirer de cette expérience pour la renouveler ?

....

....

S'agiter ou être présent ? Telle est la question posée à tout leader

Laisser être ne signifie pas laisser aller, mais faire silence pour laisser le Soi se déployer

Le leadership puise son énergie dans l'émerveillement et la contemplation

FAIRE UN AVEC TOUT CE QUI ADVIENT

« *Nul homme n'est une île complète en soi-même, tout homme est un morceau de continent, une part du tout.* »

Ernest Hemingway

VÉCU

En somme, nous voulons tout, et ce faisant nous n'avons rien : un travail passionnant mais pas trop prenant, un métier noble et lucratif, du challenge et de la sécurité, de l'original et du conforme : et si le bonheur professionnel, c'était de renoncer à poursuivre le bonheur (demain, ailleurs) et voir qu'il est déjà là, ici maintenant, toujours et par intermittence ? Au lieu d'osciller entre le plein et le vide, la pleine conscience nous invite à englober tout ce qui fait notre vie professionnelle, les temps forts comme les temps morts. Aimer inconditionnellement tout ce qui nous arrive nous rend acteur de notre destin : l'intégrité professionnelle est à ce prix. Peut-on gouverner son orientation professionnelle par le pouvoir de la pensée ? Comment dire oui à tout sans se trahir profondément ? Peut-on se passer de son ego et s'accomplir dans le travail ?

Réfractaire à la spécialisation, j'ai toujours préféré des études puis des emplois et des mondes offrant diverses options professionnelles. En même temps, j'admire ceux qui choisissent une voie et s'y tiennent : artisans, artistes, chercheurs, médecins… En multipliant les possibles, je m'éloignais d'un sillon unique et vocationnel. Combien d'entre nous, managers ou consultants, n'ont plus qu'une stratégie opportuniste face à l'érosion de leur rêve en entreprise ? Aujourd'hui, je crois que les chemins de traverse mènent à destination aussi sûrement que les routes principales. Le flou et l'inachevé nous apprennent l'humilité devant notre destin professionnel. Comment est-ce possible ?

À moins de pratiquer la pleine conscience, nous vivons dans l'illusion du mental : mes idées de carrière à 20, 25 ou 30 ans étaient 100 % projectives, teintées de ce que je croyais juste pour moi, compte tenu de ce que je savais de moi à ce moment-là. Armé de mon volontarisme à toute épreuve, je partais à l'assaut du monde de l'entreprise que je craignais autant que je le convoitais. Faire médecine ou une prépa, faire ma scolarité en France ou aux États-Unis, mes études à Paris ou à Lyon, mon service national en Russie ou en Suisse, faire du conseil ou de la recherche… Ce que j'ai pris pour un échec s'est souvent révélé comme une bifurcation, m'offrant des expériences de vie que je n'aurais pas imaginées. Depuis, je fais confiance à ce qui vient, en me gardant d'interpréter hâtivement tout événement. Qui me dit que telle contrariété ne signifiera pas une bonne nouvelle pour moi ? À telle enseigne, que devient la bonne foi ?

Je continue à vivre avec mille et un possibles. Tant que mon travail me réserve des surprises, la vie est présente, avec ses points d'interrogation et de suspension. Et c'est une cure de jouvence quotidienne que d'imaginer sereinement faire tout autre chose que mon travail actuel : parcourir le monde ou m'installer dans une villégiature choisie, enseigner ailleurs, écrire des romans, travailler moins seul… Qu'importe que je les réalise un jour, ces possibles renouvellent l'air que je respire au quotidien.

Aussi longtemps que je veux changer la vie, je vis la division entre l'ancien et le neuf, le mal et le bien. Alors que, lorsque je laisse la vie changer en moi, je fais un avec tout ce qui advient, il n'y a plus de séparation entre moi et le monde. Désormais, si un projet n'avance pas aussi vite que je le voudrais, je m'emploie à me changer plutôt qu'à blâmer la « réalité ». Qu'est-ce qui résiste en moi à cette réalité ? Qu'y a-t-il de présent et que je m'évertue à ne pas voir, les yeux rivés sur mon soi-disant objectif ? Plutôt que de poursuivre ce dernier, j'apprends à créer les conditions de sa réalisation. Je renonce à ma toute-puissance : décontracté sans être détaché, je peux inclure dans un seul regard, dans un même geste une réalité infiniment plus grande, où toutes les parties prenantes de mon action – mes clients, mes collègues, mes subordonnés, mes actionnaires, etc. – ont leur place. Pour le reste, je m'emploie à laisser agir (*cf.* chapitre 21), ouvert à la sérendipité des choses et des gens (*cf.* chapitre 5) : ouvert aux imprévus, confiant quant à l'issue de toute situation puisque, sur un certain plan, elle est juste, je fais corps avec le sens que prennent les événements. Travailler dans la plénitude revient à n'être qu'un canal (de compétences, de bonne volonté, de réelle présence) pour que la vie circule en nous. Ce faisant, le bonheur professionnel consiste-t-il à se faire une raison ?

> « Tant que je veux changer le monde, je vis la division entre l'ancien et le neuf. Lorsque je laisse la vie changer en moi, je fais un avec tout ce qui advient. »

Accepter et se résigner se ressemblent : seul le niveau de conscience diffère. Le découragement face à tout ce qui résiste à ma volonté est une étape sur le chemin de l'acceptation du présent, puisque c'est la seule chose qui est réellement. Éternel incompris, j'ai renoncé à m'intoxiquer avec cette histoire d'incompréhension. L'étape suivante a consisté en une conscience de ce que je voulais vraiment : pas tant être compris qu'être compréhensif. Cette perspective a tout changé ! Imaginez qu'au lieu de croire qu'il me manque quelque chose pour être heureux professionnellement, j'alimente la croyance inverse que tout ce dont j'ai besoin est déjà disponible. « Quand j'aurai (plus d'argent, plus de responsabilités, plus de compétences), je serai (heureux, serein, libre, etc.) », ces leurres m'empêchent de m'installer, ici maintenant, dans la pleine conscience. Dans mon développement personnel et professionnel, c'est ma pensée qui crée mon action, jamais l'inverse. Si je vois grand, si je pense large, les événements prennent un autre sens que si je me concentre sur les difficultés et les obstacles. Est-ce aussi simple ?

Ce qui n'est pas simple, c'est d'arriver à cet état de simplicité. La pleine conscience est une esquisse, une discipline de vie et le dévoilement d'une évidence : puisque le monde existe d'abord dans ma tête, il me faut être conscience des pensées qui m'animent. La loi de l'attraction (*cf.* ci-dessous) est une découverte vertigineuse en ce qu'elle consacre le primat de la conscience sur toute expérience, douloureuse ou non. Je ne peux certes pas choisir – du moins consciemment – les épreuves de la vie professionnelle, mais je peux choisir ce que j'en pense, et maîtriser mes pensées au lieu d'être agi par elles. Inclure ma vision du monde dans mon action sur le monde ; d'un démiurge égocentrique, je deviens adepte de la pleine conscience.

Reste que le bien-être au travail ne peut compenser durablement un mal-être personnel, tout juste fait-il écran. Le travail n'est qu'un prétexte, et pas des moindres, pour être pleinement dans la vie, et pas seulement dans ma tête. Je crois de plus en plus que la source, et, par conséquent, la destination de mon questionnement, se trouve dans une interrogation plus essentielle : foncièrement, tous mes étudiants de MBA se posent la question de leur place sur terre au-delà de leur CV, tous les leaders que je côtoie s'échinent à combler un manque d'amour inconditionnel, tous les coachs en devenir veulent se guérir en soignant les autres. Il me suffit d'être en conscience de tout pour accepter les riens : par la pleine conscience, je peux voyager dans le temps de mon entreprise ou de mon secteur d'activité et honorer la souffrance passée de toute une population, un pays ou une ethnie, je peux réparer la relation avec ma sœur grâce à la relation avec mon associée, je peux rencontrer mon ennemi dans un lieu intérieur et nous guérir tous les deux, puisqu'il n'y a pas de limite entre ma conscience et celle d'autrui, que microcosme du travail et macrocosme de la vie humaine se répondent sans cesse dans mon existence, comme pour le personnage de Sean Penn dans *The Tree of Life* de Terence Malick.

ZOOM

La loi de l'attraction

Trois lettres sont en train de révolutionner le travail sur soi : LoA. En français, la loi de l'attraction. Dernier-né des concepts de pensée positive, développé par Esther et Jerry Hicks sous la forme des *Teachings of Abraham*, ce principe fait déjà polémique, selon la lecture que l'on en donne. Quel usage positif peux-tu en faire en lien avec la pleine conscience professionnelle ?

La pensée est créatrice. Ton cerveau ne sait pas raisonner en mode négatif, il crée les réalités profondes que tu formules, que tu t'en réjouisses ou que tu t'en plaignes. En clair, dès que tu nommes une réalité, tu la crées dans ton monde intérieur. Le réflexe immédiat après ce constat est de vouloir stopper tes pensées négatives, pour que ce ne soit pas elles qui régissent ta vie : si tu es hypocondriaque, tu vas fatalement tomber malade, donc il vaut mieux penser à la bonne santé et t'y consacrer. Comment arrêter tes pensées néfastes ? En prenant conscience de celles qui t'agitent en permanence, et en calmant le mental par les exercices de pleine conscience décrits tout au long de cet ouvrage. Peu à peu, tu prends le contrôle sur tes pensées et tu fais trois découvertes.

Primo, les pensées sont agissantes. L'intention que tu mets dans une situation particulière de ton travail modifie celui-ci. Ta pensée t'engage pleinement, elle crée des représentations, suscite des émotions et acquiert une réalité physique même : observe ton corps selon les pensées négatives qui t'animent, observe les réactions en chaîne qu'elles produisent chez autrui. Séance tenante, quelle pensée aggravante peux-tu cesser d'avoir quant à ton chef, ton assistante, ton client, ton collègue ou la vie en général ?

Secundo, la souffrance existe dans la tête. Ce n'est pas tant le traumatisme subi ni le souvenir de celui-ci qui sont douloureux pour toi, mais le pouvoir destructeur de la pensée qui y reste associée : supprime la pensée négative, il restera un événement certes tragique, mais qui ne te détruit plus. L'auto-hypnose, le TIPI[14] ou certaines techniques inspirées de la LoA peuvent t'aider à désamorcer des « formes pensées » nuisibles, en désensibilisant leur pouvoir sur toi. Ce n'est pas ton passé ni ton avenir que tu modifies, seulement le pouvoir du mental dans le présent. Quel souvenir provoque en toi des émotions négatives fortes ? Quelle pensée as-tu forgée à cet égard ? Comment pourrais-tu revisiter cette pensée racine pour t'en détacher ?

---

14. Technique d'Identification des Peurs Inconscientes (TIPI), méthode de guérison en état de conscience ordinaire découverte par Luc Nicon, avec des résultats impressionnants. Voir www.tipi.fr et bibliographie.

Tertio, la pensée est vibration. Nous attirons ce que nous pensons. Sans le savoir, nous changeons en permanence notre vie par l'orientation de notre pensée. Au lieu d'être gouverné par tes pensées – le plus souvent, des pensées limitantes et circulaires, au service de ton ego –, tu peux les voir œuvrer et t'en dissocier. Qui n'a jamais fait l'expérience des prophéties autoréalisantes ? Dans ton travail aussi, tu peux voir le pouvoir de l'intention bienveillante en choisissant la pensée que programme ton cerveau au sujet de tel ou tel enjeu. Si tu te concentres sur un événement positif, tu modifies le champ vibratoire entre toi et cet événement. Tu te mets non seulement dans une disposition à recevoir tous les signes favorables à cette pensée, mais tu changes aussi les données du problème. Car la loi de l'attraction enseigne que les paroles que tu prononces ont un pouvoir œuvrant dans la réalité consciente qui t'environne. Télépathie, autosuggestion, mantra… Qu'importe l'interprétation que tu donnes au phénomène, tu peux l'expérimenter en « mettant ton bateau dans le sens du courant », selon les termes d'Esther Hicks.

Pense à une situation éthique que tu désires profondément dans ton contexte professionnel, *a priori* hors de ta portée. En orientant ta conscience vers cette situation, sans jugement, formule à haute voix : « Je consens et j'autorise tout ce qui va dans le sens de cette situation, par exemple… » En méditant sur un problème professionnel, au lieu d'agir furieusement dessus, tu accèdes également à la solution. La liste des pensées positives qui accompagnement le courant au lieu de tenter d'aller à son encontre rendent possible l'expression des solutions.

Au final, nous sommes plus que nos pensées. Si tu exerces un travail à dominante intellectuelle, tu finis par ignorer ton corps, tes émotions et tes états d'âme, totalement happé par les pensées que tu produis. Prends un instant pour arrêter le processus, et demande-toi si c'est toi qui crées tes idées, ou si c'est l'inverse : le mental est superstitieux, il te fait tomber systématiquement dans les mêmes ornières pour prouver qu'il a raison d'empêcher le cours des choses. L'exemple typique est le projet de création d'entreprise. Quel salarié n'a jamais rêvé de s'installer à son compte et de vivre de sa propre sueur ? Pourquoi si peu passent à l'action ? Certains ont tenté l'expérience et affirment s'être trompés, d'autres passent leur carrière à se prouver que c'est trop risqué – et, de fait, c'est devenu risqué de créer son entreprise en France ! Et si tu appliquais la loi de l'attraction ? Parmi les pensées positives suivantes, lesquelles peux-tu envoyer dans l'univers pour laisser la création d'entreprise gagner en toi : « je suis OK avec mes talents d'entrepreneur », « je consens à l'abondance de clients », « j'accepte sans condition le succès de ma petite entreprise », « je suis en paix avec le fait de devenir riche », etc. ?

Sortir des dix illusions pour travailler en pleine conscience[15]

Dans ses travaux empiriques d'inspiration gnostique, l'auteur à succès américain Neale Donald Walsch a listé les dix illusions forgées par la pensée humaine qui nous empêchent de vivre pleinement au contact de l'être. En regardant ta vie professionnelle sous cet angle, tu vas découvrir que tu limites ton champ d'expérience en te conformant à ces illusions, sans le savoir. Qu'y a-t-il au-delà de ces illusions qui puisse accroître ta pleine conscience professionnelle ?

1. L'illusion du besoin : si tu ne manques *a priori* de rien pour être dans la plénitude de l'être, si la vie n'a pas de fin, alors tu n'as pas *besoin* de travailler. Ce n'est pas par dépendance à un salaire que tu travailles, mais pour exprimer un libre consentement à un talent, qui est déjà en toi. Que devient alors ton orientation professionnelle ?

---

15. Je remercie Patrick Champonnois dont la conférence à l'université de Paris II le 12 avril 2012 m'a profondément inspiré pour ce paragraphe.

2. L'illusion de l'échec : il est impossible que tu rates ta vie professionnelle, puisque tu contiens une parcelle de perfection en toi. Comment ton entourage professionnel t'entraîne-t-il, à ton insu, à exprimer cette part divine ?

3. L'illusion de la séparation : comme l'enseigne la physique quantique, tous les êtres sont reliés mystérieusement, du macrocosme au microcosme. Comment peux-tu éprouver ce lien en regardant dans les yeux tes partenaires de travail au lieu d'alimenter l'illusion d'être distincts ?

4. L'illusion de l'insuffisance : au lieu de te focaliser sur le manque à gagner, prends conscience que la compétition pour avoir t'aliène toujours plus. Comment peux-tu donner ce dont tu crois manquer le plus ?

5. L'illusion de l'exigence : personne n'est parfait, et pourtant tu sacrifies ta vie professionnelle au règne du « faire », pour compenser cette imperfection. Et si tu faisais ton travail par envie et non par devoir ?

6. L'illusion du jugement : si tu crois à l'ontologie du bien, cela ne sert à rien d'alimenter la peur de mal faire. Quelle est la fonction utile de tous tes comportements professionnels actuels ?

7. L'illusion de la condamnation : si l'enfer existe, il est dans ta tête, en t'empêchant de suivre ton intention – profondément bienveillante par définition. Que peux-tu libérer comme potentiel si tu renonces à la damnation ?

8. L'illusion de la conditionnalité : en agissant sous la menace, tu crées un monde professionnel de causalités pavloviennes. Et si tu acceptes sans condition tout ce qui arrive, quelle liberté cela t'accorde, pour t'extraire de ta condition ?

9. L'illusion de supériorité : y compris en développement personnel, cette pensée pernicieuse alimente le pouvoir de l'ego. Es-tu prêt à abandonner tout pouvoir ?

10. L'illusion de l'ignorance : la croyance selon laquelle la plénitude est inaccessible dans le travail est le plus sûr moyen de l'empêcher. Comment peux-tu accueillir la vérité dont tu es porteur, ici maintenant ?

Dire Oui à Tout

Te voici au terme du parcours de la pleine conscience professionnelle. Bravo ! Tu as acquis des réflexes et des clés de lecture pour vivre ton travail. Mais surtout, tu t'es départi de pensées qui t'empêchaient d'être présent à ce qui est là, à tout instant. Tu veux résumer ce livre en une formule ? La réponse est : « dire oui à tout ».

D'abord, le mouvement d'inclinaison du oui te fait réunir ce qui est apparemment dissocié. Même quand tu n'es pas dans l'état bienheureux de la pleine conscience, tu peux vivre la dissociation en murmurant, simplement, « oui ». Te voilà sorti de l'illusion de fusion entre une mission idéale et un job alimentaire, de l'illusion inverse que les deux sont incompatibles – bref, de la mécanique mentale qui te coupe de l'expérience présente de l'un ET l'autre.

Ensuite, le consentement à tout libère ton esprit des chimères qui l'empêchent de trouver ton terreau professionnel fertile. Si tout ce qui t'arrive dans ta vie est juste au moment présent, tu es plus fort pour vivre les déconvenues du quotidien, tu es plus incarné et guidé par une puissance plus grande que toi : ton ange gardien, ton feu sacré, la vie que tu consens à faire circuler en toi y compris dans ton travail…

Enfin, dès l'instant où tu dis « Oui ! », tu changes d'avenir. En faisant confiance à la liberté absolue de ton être, plus personne n'est « normal ». Dire oui comme on rend grâce est un ferment de motivation plus solide que la reconnaissance extérieure, matérielle ou non. L'acquiescement d'humilité dans ton travail est contagieux, il témoigne que tout ce qui semble important pour nos egos – les conflits de services, les inquiétudes face au marché, le stress du quotidien – n'est pas essentiel en soi : c'est une conscience plus profonde de l'énergie de vie qui circule entre les êtres qui rend ton travail intéressant.

Te voici face à la clé de ta pleine conscience. Prends soin de l'être, ne disperse pas ta conscience à tout vent, laisse vivre en toi cette « ouité » qui émerge au milieu des crises et des succès, sans discrimination. Chut… Entends-tu le secret de ta motivation professionnelle ? Il est dans l'amour inconditionnel de ce qui est là.

S'exercer à la ouité

Observe ta situation professionnelle actuelle, fais le bilan de ce qui te convient et de ce qui te déplaît. En respirant profondément, assis dans une position digne, les yeux mi-clos, convoque mentalement les êtres et les choses qui composent chacune des listes : à l'actif, tout ce qui te satisfait, au passif tout ce que tu aimerais changer. Embrasse d'un regard conscient les deux en même temps, le positif et le négatif.

Comment peux-tu manifester ton consentement à tout ce qui te semble juste ?

. . . .

. . . .

Quelles affirmations peux-tu formuler pour accueillir tout ce qui te semble moins juste ?

. . . .

. . . .

Que reconnais-tu à présent de profondément harmonieux, au-delà de ces deux réponses ?

....

....

Quelle pensée racine peux-tu contacter en toi pour célébrer cette harmonie ?

....

....

Que vas-tu faire en lien avec cette pensée dans ton monde professionnel ?

....

....

En sortant de l'illusion d'être séparé, on se réconcilie avec tout

La loi de l'attraction révolutionne le monde du travail : la pensée crée l'action

Travailler en pleine conscience, c'est dire oui à ce qui transcende le quotidien

LAUDES

En temps de crise, à quoi sert la pleine conscience ? Quand la peur envahit le monde extérieur, prendre soin de son monde intérieur devient essentiel : pratiquer la pleine conscience professionnelle, c'est entendre un appel d'être dans l'action quotidienne. Réduit à l'équivalence *time is money*, le travail s'est enrichi matériellement, mais appauvri spirituellement. Avec la pleine conscience, exercer un travail ne se réduit plus à trouver un job alimentaire, c'est un processus pour trouver sa place, et pas seulement une place, un salaire vital.

Autrefois, le temps rythmait la vie courante, les moments sacrés alternaient avec les activités profanes auxquelles elles donnaient un sens via des rituels le plus souvent religieux. La journée commençait par les laudes, pour rendre grâce au jour qui se lève, nouveau et immuable. Les laudes scandaient le vide et le plein de la vie active ou contemplative, selon une liturgie précise de psaumes, d'hymnes, de prières et de bénédictions : version ancienne de la pleine conscience. Aussi, il est juste que les 22 chapitres de ce livre se referment sur des louanges ; 22 exercices de pleine conscience, 22 actions de grâce dans son travail, 22 façons de saluer une qualité d'être, avant de viser une quantité d'avoir.

En étant présent à l'instant présent, la cadence effrénée de l'utilité se dissipe au profit de la pure joie d'être là, travaillant à l'essentiel. En mettant de la conscience dans ses moindres actes, le travail n'est plus seulement labeur mais aussi œuvre d'ajustement entre soi et le monde. En allant à la rencontre de soi et des autres, la carrière devient un voyage initiatique vers ce qui relie à plus grand que soi. Le sens du travail est de s'incarner en rencontrant sa vocation d'être humain. En cultivant cette qualité de présence à Soi, l'abondance est toujours au rendez-vous : louanges !

> « Qu'y a-t-il de plus scandaleux que la gratitude aujourd'hui ? »

Au fond, qu'y a-t-il de plus scandaleux que la gratitude aujourd'hui ? À mon tour de louanger, comme disent les Québécois. Merci à tous les théoriciens de la pleine conscience, notamment Eckhart Tolle et Jon Kabat-Zinn qui l'ont si bien popularisée. Merci à mes maîtres du quotidien qui m'enseignent la pleine conscience en l'incarnant : Bernadette Babault, Paule Boury-Giroud, Stéphane Broutin, Véronique Jéglot-Ferré, Guillaume Prate, et bien sûr Sophie et nos merveilleux enfants. Merci aux artisans de la pleine conscience, à mes clients, mes élèves et aux professionnels anonymes, qui travaillent en se faisant du bien : ils m'ont inspiré ces lignes. Merci enfin à Élodie Bourdon et son équipe chez Eyrolles, particulièrement Sandrine Navarro et Ève Sorin, pour leur beau travail dans l'ombre. Je dédie ce livre à ma mère, à mes mères, à la Mère.

BIBLIOGRAPHIE

Être présent à soi avant de plonger dans son travail
Hannah ARENDT, *Eichmann à Jérusalem*, Gallimard, 1997 (1961)
François BIZOT, *Le Portail*, La Table Ronde, 2000
Christian BOBIN, *Tout le monde est occupé*, Mercure de France, 1999
J.-M.G. LE CLÉZIO, *L'Inconnu sur la terre*, Gallimard, 1978
François ROUSTANG, *Savoir attendre*, Odile Jacob, 2006
Michel SERRES, *Les Cinq Sens*, Grasset, 1985

Cultiver la joie profonde pour se motiver
Bruno BETTELHEIM, *Le Cœur conscient*, Robert Laffont, 1974
Yannick HAENEL, *Cercle*, Gallimard, 2007
Jean-Yves LELOUP, *Écrits sur l'hésychasme*, Albin Michel, 1989
Clément ROSSET, *La Force majeure*, Minuit, 1983

Choisir la solution de simplicité
Marilee ADAMS, *Change your questions change your life*, Berret Koehler, 2009
Philippe BIGOT, *Le Coaching orienté solution*, Éd. d'Organisation, 2010
Françoise KOURILSKY, *Du désir au plaisir de changer*, Dunod, 2008
James LAWLEY, Penny TOMPKINS, *Des métaphores dans la tête*, Interéditions, 2006
Daniel MORIN, *Éclats de silence, l'indicible simplicité d'être*, l'Originel, 2010
Rainer Maria RILKE, *Lettre à un jeune poète*, Grasset, 2002
Andreu SOLÉ, *Créateurs de mondes, nos possibles, nos impossibles*, Éd. Rocher, 2000
Eckhart TOLLE, *Le Pouvoir du moment présent*, Ariane, 2000
Eckhart TOLLE, *Nouvelle Terre*, Ariane, 2005

Apprivoiser la satiété

Raymond ABELLIO, *Manifeste de la nouvelle gnose*, Nrf Gallimard, 1989
Andrew COHEN, *La Promesse de perfection*, Altess, 1999
Jon KABAT-ZINN, *Méditer*, Les Arènes, 2010
Jean-Yves LELOUP, *L'Absurde et la Grâce*, Albin Michel, 1991
Jean-Yves LELOUP, *Manque et plénitude*, Albin Michel, 1994

Entendre sa vocation

Mihaly CSIKSZENTMIHALYI, *Flow, the psychology of optimal experience*, Harper Collins, 1990
Viktor FRANKL, *Trouver un sens à sa vie*, Éd. de l'Homme, 1988
Paul GRIMAULT, *Le Roi et l'Oiseau*, Studiocanal, 1971,
Douglas KENNEDY, *L'Homme qui voulait vivre sa vie*, Belfond, 1998
Scott PECK, *Le Chemin le moins fréquenté*, Robert Laffont, 2002
Fernando PESSOA, *Le Livre de l'intranquillité*, Christian Bourgois, 1988
Fritz ZORN, *Mars*, Nrf Gallimard, 1971

Décider en exerçant son discernement

Gilles DELEUZE, *Spinoza, une philosophie pratique*, Éd. Minuit, 2004
Jean-Michel GUEULETTE, *Laisse Dieu être Dieu en toi*, Cerf, 2002
Baruch SPINOZA, *L'Éthique*, Gallimard, 1994 (1677)
Tzvetan TODOROV, *Face à l'extrême*, Seuil, 1991

Faire de son corps un allié face au stress

Omraam Mikhaël AÏVANHOV, *Centres et corps subtils*, Éd. Prosveta, 1985
Jean-Dominique BAUBY, *Le Scaphandre et le Papillon*, Robert Laffont, 1998
Christophe DEJOURS, *Travail, usure mentale*, Bayard, 1993
Alexandre JOLLIEN, *Éloge de la faiblesse*, Cerf, 1999
Michel ODOUL, *Dis-moi où tu as mal, je te dirai pourquoi*, Albin Michel, 2002
Philippe POZZO DI BORGO, *Le Second Souffle*, Bayard, 2001
Rupert SHELDRAKE, *L'Âme de la nature*, Le Rocher, 1992
Annick de SOUZENELLE, *Le Symbolisme du corps humain*, Albin Michel, 2000

Affronter les conflits en suspension de jugement
René GIRARD, *La Violence et le Sacré*, Grasset, 1972
Jean-Yves LELOUP, *La Montagne dans l'océan*, Albin Michel, 2000
Thich NHAT HANH, *La Colère*, JC Lattès, 2002
Marshall ROSENBERG, *Les mots sont des fenêtres*, La Découverte, 2004
Nathalie SARRAUTE, *Pour un oui ou pour un non*, Nrf Gallimard, 1982
Eric-Emmanuel SCHMITT, *La Secte des égoïstes*, Albin Michel, 1994
Daniel SIBONY, *Entre-deux*, Seuil, 1991

Vie privée, vie professionnelle : épouser ses ombres
L'Ecclésiaste, La Bible, Ancien Testament
Geneviève CAILLOUX, Pierre CAUVIN, *Le Soi aux mille visages*, Roberto CASATI, *La Découverte de l'ombre*, Albin Michel, 2002
Carl Gustav JUNG, *Métamorphose de l'âme et de ses symboles*, Le Livre de poche, 1992 (1912)
Jacqueline KELEN, *Divine Blessure*, Albin Michel, 2005
George LUCAS, *Star Wars* – épisode III, *La Revanche des Sith*, Fox, 2005
Annick de SOUZENELLE, *Le Féminin de l'être*, Albin Michel, 1997
Hal et Sidra STONE, *Le Dialogue intérieur*, Le Souffle d'or, 1997
Éd. de l'Homme, 2001

Rompre les cycles répétitifs de carrière
Anne ANCELIN-SCHÜTZENBERGER, *Aïe mes aïeux*, Desclée de Brouwer, 1998
Benjamin BIOLAY, « Ton héritage », *La Superbe* (2 CD), Naïve, 2010
Pierre BOURDIEU, *La Reproduction*, Minuit, 1970
Didier DUMAS, *Sans père et sans parole*, Hachette, 1999
Frédéric LAFFONT et Isabelle DUPUY-CHAVANAT, Documentaire, 2011

Delphine de VIGAN, *Rien ne s'oppose à la nuit*, JC Lattès, 2011
Gunthart WEBER, *Zweierlei Glück*, Carl Auer Verlag, 1995

Guérir de l'urgence avec le moment présent
David DEIDA, *The Instant Enlightment*, Sounds True Inc., 2007
EPICURE, *Lettres et maximes*, PUF, 2009 (-270)
Les FEHMI, Jim ROBBINS, *La Pleine Conscience*, Belfond, 2010
SÉNÈQUE, *De la vie heureuse*, Garnier Flammarion, 2005 (67)

Renoncer à la comparaison dans son équipe
Nikos KAZANTZAKI, *Les Frères ennemis*, Ldp, 1964
Barbel et Manfred MOHR, *Obtenez ce que vous désirez*, Éd. Tredaniel, 2009
Jean MONBOURQUETTE, *Comment pardonner*, Bayard, 2001
Myriam ORAZZO, *Trop stressé(e) ?*, Interéditions, 2003
Marcel RUFO, *Frères et sœurs*, Fayard, 2002
Christiane SINGER, *Où cours-tu ? Ne sais-tu pas que le ciel est en toi ?*, Albin Michel, 2001
Pierre TEILHARD DE CHARDIN, *Le Milieu divin*, Essai de vie intérieure, Seuil, 1957

Mourir pour renaître professionnellement
Bruno BETTELHEIM, *Le Cœur conscient*, Robert Laffont, 1972
Norbert ELIAS, *La Solitude des mourants*, Christian Bourgois, 1998
Marie de HENNEZEL, Bertrand VERGELY, *Une vie pour se mettre au monde*, Carnets Nord, 2010
Etty HILLESUM, *Une vie bouleversée*, Seuil, 2004 (1943)
Arthur MILLER, *Mort d'un commis voyageur*, Robert Laffont, 1989 (1949)

Faire connaissance avec autrui en chaque occasion
Martin BUBER, *Je et Tu*, Aubier, 1922 (1935)
Jacquelin KELEN, *Inventaire vagabond du bonheur*, Albin Michel, 2008
François ROUSTANG, *La Fin de la plainte*, Odile Jacob, 2009
Jacques TATI, *Playtime*, Les films de mon oncle, 1967

Voir la beauté au cœur des crises
Robert BRANCHE, *Les Mers de l'incertitude*, Éd. Palio, 2010
François CHENG, *Le Dit de Tanyi*, Albin Michel, 1998
Simone WEIL, *La Pesanteur et la Grâce*, Plon, 1993 (1942)

Oser perdre ses illusions
Honoré de BALZAC, *Les Illusions perdues*, Gallimard, 1973 (1843)
Frédéric BEIGBEDER, *Un roman français*, Grasset, 2009
Charles PÉGUY, *Le Porche du mystère de la deuxième vertu*, Nrf Gallimard, 1986 (1912)
Jacques SALOMÉ, *Le Courage d'être soi*, Éd. du Relié, 2005

Être à l'écoute des signaux faibles

Institut Arbinger, *Leadership and Self Deception*, Berrett Koehler, 2010

David COOPERRIDER, *Appreciative Inquiry*, Berrett Koehler, 2005

Michel SERRES, *Genèse*, Grasset, 1982

Hermès TRISMÉGYSTE (attribué à), *Kybalion*, Londres, 1908

Travailler au bien commun

Robert GREENLEAF, *Servant Leadership*, Paulist Press, 2001

David HAWKINS, *Pouvoir contre Force*, Trédaniel, 2005

Ken WILBER, *Une brève histoire de tout*, Mortagne, 1990

Avoir des moments de vérité dans son travail

Bernadette BABAULT, *La Fluidité au cœur du coaching et du leadership*, in Frank Bournois (dir.), *Le Grand Livre du coaching*, Éd. d'Organisation, 2008

Jill BOYLE TAYLOR, *Voyage au-delà de mon cerveau*, JC Lattès, 2008

François ROUSTANG, *Savoir attendre*, Odile Jacob, 2006

Persévérer sur sa voie

Hannah ARENDT, *Le Concept d'amour chez Augustin*, Rivages, 1999 (1929)

Patrick CHAMOISEAU, *Le Papillon et la Lumière*, Éd. Philippe Rey, 2011

Jim COLLINS, *Built to last*, Harper Collins, 2002

Guy CORNEAU, *Revivre*, Éd. de l'Homme, 2011

Marcel MAUSS, *Essai sur le don*, PUF, 2007 (1925)

Fabrice MIDAL, *Rainer Maria Rilke, L'amour inexaucé*, Seuil Sagesses, 2009

David SERVAN-SCHREIBER, *On peut se dire au revoir plusieurs fois*, Robert Laffont, 2011

Bertrand VERGELY, *La Foi ou la nostalgie de l'admirable*, Éd. du Relié, 2002

Exercer son leadership : l'art du laisser-être

François GARAGNON, *Jade ou les sacrés mystères de la vie*, Monte-Cristo, 1991

Michel LACROIX, *Le Culte de l'émotion*, Flammarion, 2001

Mathieu RICARD, *L'Art de la méditation*, Nil, 2008

Jean STAUNE, *Notre existence a-t-elle un sens ?*, Presses de la Renaissance, 2007

Faire un avec tout ce qui advient

Christophe ANDRE, *De l'art du bonheur*, Les arènes, 2011

Rhonda BYRNE, *Le Secret*, Un monde différent, 2008

Esther HICKS, *La Loi de l'attraction*, Trédaniel, 2008

Thich NHAT HANH, *Le miracle de la pleine conscience*, J'ai lu, 2008

Luc NICON, *Technique d'identification des peurs inconscientes*, Émotions Fortes, 2007

INDEX DES NOTIONS

A

accomplissement 112, 140, 169, 192

agenda 41, 46, 56, 100, 117, 119, 123, 150, 160, 181, 182, 185, 198, 199, 212, 226, 227, 228

agir 18, 20, 35, 46, 47, 53, 80, 118, 123, 221, 222, 227, 228, 233

amour 58, 75, 78, 103, 104, 128, 134, 139, 143, 161, 192, 214, 215, 220, 235, 241

anamnèse 65

aquoibonisme 55

B

beauté 162, 163, 164, 165

bien commun 193, 195, 196, 197, 198

C

carrière 8, 22, 52, 53, 56, 60, 63, 102, 107, 110, 112, 113, 114, 115, 128, 138, 139, 140, 142, 147, 169, 172, 173, 177, 215, 244

communication non violente 91

comparaison 127, 128, 129, 130, 133, 134, 172

constellations systémiques 110, 111

corps 10, 14, 37, 72, 73, 74, 75, 76, 77, 78, 79, 80, 82, 83, 111, 145, 184, 236, 237

corps-esprit 77, 78, 79, 81, 83

créativité 35, 58, 62, 79

D

décision 8, 23, 31, 32, 39, 63, 64, 65, 66, 67, 192, 195, 225

détachement 64, 140, 177, 179

discernement 58, 66, 69

E

émerveillement 57, 162, 227, 229

engagement 19, 163, 176, 177, 191, 192, 195, 198, 204, 212, 222, 225

équanimité 66, 67

équipe 78, 85, 128, 132, 133, 135, 142, 154, 163, 188, 195, 197, 225

essendo 226, 228

état modifié de conscience 164

F

feedback 99, 132, 152, 153, 157, 158

G

gestion du temps 122

gratitude 88, 130, 132, 142, 162, 163, 173, 192, 193, 208, 223, 244

H

hésychaste 27

humilité 44, 102, 163, 174, 185, 194, 197, 208, 212, 218, 225, 232, 240

hypsitarien 226

I

ici-maintenant 9, 14, 15, 25, 35, 47, 67, 75, 91, 118, 122, 144, 177, 182,

203, 216, 231, 234, 240

illusions 169, 170, 171, 174, 177, 179, 185, 238

J

joie 21, 24, 25, 26, 27, 28, 29, 58, 78, 140, 155, 182, 243

jugement 64, 68, 86, 87, 88, 89, 90, 123, 144, 224, 239

    suspension de 81, 85, 86, 87, 88, 89, 90, 93, 94, 96, 174, 206

L

lâcher-prise 63, 160, 161, 184, 185, 197, 220, 221, 222

laisser être 65, 221, 223, 224, 226, 229

leadership 11, 65, 186, 194, 200, 221, 222, 226, 228, 229

libre arbitre 61, 69, 183

loi de l'attraction 235, 242

M

mode d'attention 120, 124

moment présent 16, 19, 37, 44, 49, 81, 82, 117, 120, 123, 124, 184, 186, 206, 207, 240

motivation 8, 11, 19, 21, 22, 23, 24, 25, 27, 28, 29, 52, 53, 58, 67, 128, 140, 154, 163, 198, 212, 213, 215, 216, 220, 227, 240, 241

O

œuvre 243

ombre 92, 94, 97, 98, 99, 100, 101, 102, 103, 104, 105, 153, 174

open focus 120, 124

ouïté 34, 241

P

persévérance 66, 79, 211, 212, 214, 217, 218, 220

peur 22, 26, 37, 59, 63, 80, 81, 88, 92, 93, 98, 102, 110, 129, 134, 139, 140, 141, 142, 143, 144, 146, 147, 156, 159, 163, 192, 227, 239

plénitude 10, 43, 48, 54, 55, 57, 113, 123, 156, 164, 175, 203, 214, 233, 238, 240

présence à l'instant présent 14, 144, 152, 243

procrastiner 216

R

reconnaissance 52, 93, 99, 118, 127, 163, 216, 240

respiration 10, 15, 16, 18, 28, 81, 82, 124, 153, 157, 161, 184, 208

retraite 137, 142, 144, 173

S

santé professionnelle 71, 74, 80, 83

scénarios de réussite 114

sérendipité 57, 233

silence 17, 38, 80, 175, 188, 189, 190, 224, 225, 229

simplicité 31, 32, 34, 38, 182, 194, 234

sourire 193

stress 8, 19, 65, 71, 72, 74, 75, 76, 77, 80, 81, 110, 111, 122, 123, 162, 205, 208, 223, 241

T

technologies de l'information 119, 150

technologies nouvelles 14, 32

transgénérationnel 110, 128

U

urgence 114, 117, 118, 119, 120, 122, 123, 124, 126

V

vie privée/vie professionnelle 54, 97, 99, 100, 101, 103, 105

vocation 9, 11, 48, 51, 52, 53, 54, 55, 56, 57, 58, 60, 107, 108, 112, 139, 178, 192, 218

INDEX DES NOMS

A
André, Christophe 10

B
Babault, Bernadette 63, 205, 244
Bettelheim, Bruno 140
Bobin, Christian 14
Boury-Giroud, Paule 76, 244
Buber, Martin 151
Byrne, Rhonda 9

C
Cohen, Andrew 44
Collins, Jim 212
Corneau, Guy 36, 212

D
Deida, David 120
Deleuze, Gilles 154
Dresher, Melvin 196

F
Fehmi, Les 120
Flood, Merill 196
Frankl, Viktor 139

G
Gide, André 11, 108
Girard, René 127
Greenleaf, Robert 194

H
Herzberg, Frederick 22
Hicks, Esther 10, 235, 237
Hillesum, Etty 140

J
Jung, Carl Gustav 97, 103

K
Kabat-Zinn, Jon 44, 79, 244
Kiloby, Scott 175

L
Leloup, Jean-Yves 28, 44, 218
Levi, Primo 139

M
Morin, Daniel 38, 224

N
Nhat Hanh, Thich 10, 156

O
Orazzo, Myriam 165

P
Pascal, Blaise 81, 201
Péguy, Charles 217
Pessoa, Fernando 58

R
Rilke, Rainer Maria 51, 214
Robbins, Jim 120
Rosenberg, Marshall 23, 91

S

Saint Augustin 204

Salomé, Jacques 183

Servan-Schreiber, David 10, 76, 212

Sibony, Daniel 211

Stone, Hal et Sidra 103

T

Teilhard de Chardin, Pierre 164

Tolle, Eckhart 10, 22, 47, 244

V

Vergely, Bertrand 139, 213

W

Walsch, Neale Donald 238

Weil, Simone 159, 164

TABLE DES MATIÈRES

Sommaire 5

Vive la pleine conscience professionnelle ! 7

1. Être présent à soi avant de plonger dans son travail . 13
   Vécu 13
   Zoom 15
   Acte premier, respirer en conscience
   de l'instant présent 15
   Entre à présent dans le vif du sujet 16
   Sésame, ouvre-toi ! Quelle est ton intention ? 18
     > **Mener la moindre action en conscience** 19

2. Cultiver la joie profonde pour se motiver 21
   Vécu 21
   Zoom 25
   Regarde le verre à moitié plein ! 25
   As-tu le cœur à l'ouvrage ? 25
   Crée toi-même ta réalité 27
     > **Six tableaux de méditation hésychaste**
     d'après Jean-Yves Leloup 28

3. Choisir la solution de simplicité 31
   Vécu 31
   Zoom 34
   Dis simplement oui ! 34

Keep it short and simple (KISS) 35

Jouir de la situation réelle. 37

> **Faire avec ou faire sans ?** 38

4. Apprivoiser la satiété 41

Vécu 41

Zoom 45

Comment échapper au « règne de la quantité » ? 45

S'incarner ou s'identifier au travail ? 46

S'accorder des cases vides 47

> **Être ou avoir ?** 49

5. Entendre sa vocation 51

Vécu 51

Zoom 55

En finir avec l'« aquoibonisme » 55

Entendre ses voix. 56

Se consacrer à son travail. 57

> **Choisir d'être le héros du conte** 59

6. Décider en exerçant son discernement 61

Vécu 61

Zoom 64

Une chasse au trésor dans le rétroviseur 64

Choisir de laisser être 65

Soigner son équanimité 66

> **Choisir son archétype professionnel.** 68

7. Faire de son corps un allié face au stress 71

Vécu 71

Zoom 77

Décrypter les signaux du corps-esprit 77

Mettre de la conscience dans tout son corps 78

Installer des bulles sans stress. 80

> **Scan corps-esprit** 81

8. Affronter les conflits en suspension de jugement 85

Vécu 85

Zoom 89

« Seuls les paranoïaques survivent » 89

Honorer son adversaire dans tout conflit 91

Passer l'éponge 93

> Se réjouir d'un conflit sans violence 94

9. Vie privée, vie professionnelle : épouser ses ombres . 97

Vécu 97

Zoom 100

Es-tu le même au travail et à la maison ? 100

Ombre dorée, ombre sombre 102

Comment mettre de l'ordre dans sa vie 103

> Face au miroir réfléchissant 104

10. Rompre les cycles répétitifs de carrière 107

Vécu 107

Zoom 110

Produire ou reproduire ? 110

Impressions de déjà-vu 111

Saisir sa chance 113

> Connaître sa stratégie de réussite 114

11. Guérir de l'urgence avec le moment présent 117

Vécu 117

Zoom 120

Quitter les urgences 120

Fréquenter les philosophes du temps présent 122

Suivre le mouvement du présent 123

> Être attentif à la conscience professionnelle 124

12. Renoncer à la comparaison dans son équipe 127

Vécu 127

Zoom 130

Trouver son métronome intérieur 130
Transformer ses ennemis en adversaires 132
Composer un bouquet de talents 133
> **Amour ou preuves d'amour ?** 134

13. Mourir pour renaître professionnellement 137
Vécu 137
Zoom 141
Le salaire de la peur 141
La carrière, une série de morts successives 142
Apprendre à vivre et mourir 144
> **Négocier son départ** 145

14. Faire connaissance avec autrui en chaque occasion 149
Vécu 149
Zoom 152
Le feedback, simple comme « bonjour ! » 152
Comment érotiser le travail 153
Inclure ou exclure le maillon faible ? 155
> **Donner ce dont on a le plus besoin : l'instant sacré
du feedback** 157

15. Voir la beauté au cœur des crises 159
Vécu 159
Zoom 162
Cultiver la beauté dans son regard professionnel 162
Faire du beau travail 163
Comment aimer la crise ? 164
> **Rencontrer son dragon intérieur.** 166

16. Oser perdre ses illusions 169
Vécu 169
Zoom 173
Où sont tes impasses professionnelles ? 173
Vivre de riens 175

Committment vs detachment ? *176*

> **Quelle est l'épreuve derrière l'obstacle ?** 178

17. Être à l'écoute des signaux faibles 181

Vécu 181

Zoom 185

Voir la réalité au-delà des apparences 185

Interpréter les signes sans devenir superstitieux 187

À la lumière du réverbère 188

> **Écouter le silence** 189

18. Travailler au bien commun 191

Vécu 191

Zoom 194

Le Servant Leadership en 10 points 194

Comment sortir du dilemme du prisonnier ? 195

Travailler pour une cause noble 197

> **À quoi être utile ?** 199

19. Avoir des moments de vérité dans son travail 201

Vécu 201

Zoom 204

Être vrai dans son travail : quel est le risque ? 204

Travailler dans la fluidité 205

Cesser d'être compulsif avec les autres 207

> **Kit anti-stress : comment changer de niveau
de conscience professionnelle** 208

20. Persévérer sur sa voie 211

Vécu 211

Zoom 214

Le cœur à l'ouvrage 214

Rome ne s'est pas faite en un jour 216

Tout donner sans se tuer à la tâche 217

> **Travailler à son chef-d'œuvre** 219

21. Exercer son leadership : l'art du laisser-être 221
    Vécu 221
    Zoom 224
    Être en silence, c'est faire œuvre utile............. 224
    Comment s'émerveiller au travail ? 226
    De l'homme-orchestre au chef d'orchestre 227
    > Se forger ses propres outils de leadership 228

22. Faire un avec tout ce qui advient 231
    Vécu 231
    Zoom 235
    La loi de l'attraction 235
    Sortir des dix illusions pour travailler
    en pleine conscience 238
    Dire Oui à Tout............................... 240
    > S'exercer à la ouité 241

Laudes 243

Bibliographie.. 245

Index des notions 251

Index des noms.. 253

Table des matières....................................... 255

Composé par Istria
Dépôt légal : octobre 2012

Imprimé en Allemagne par BoD

www.ingramcontent.com/pod-product-compliance
Lightning Source LLC
LaVergne TN
LVHW011917060726
842528LV00010B/1648

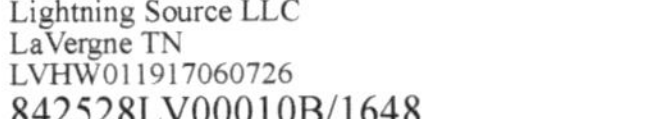